il battello a vapore

Loredana Frescura
Marco Tomatis

Ti volio tanto bene

Illustrazioni di Sara Menetti

IL BATTELLO A VAPORE

Art direction e graphic design:
Ufficio grafico Battello a Vapore - Mondadori Ragazzi

Progetto grafico, impaginazione e redazione: Sinnos - www.sinnos.org
Font *leggimi* © Sinnos

Illustrazioni delle pagine finali: Giovanni Scarduelli

www.battelloavapore.it

Pubblicato su licenza di Loescher Editore Srl, Torino.

Pubblicato per PIEMME da Mondadori Libri S.p.A.
I Edizione 2014
Nuova edizione 2019

ISBN 978-88-566-7133-9

Anno 2019-2020-2021 Edizione 4 5 6 7 8 9 10 11 12 13

Finito di stampare presso Grafica Veneta S.p.A.
Via Malcanton, 2 – Trebaseleghe (PD)
Printed in Italy

Libri ad Alta Leggibilità

LA DISLESSIA, insieme a disortografia, disgrafia e discalculia, è un **disturbo specifico dell'apprendimento (DSA)** che consiste nella difficoltà a leggere e a scrivere in modo corretto e fluente. La dislessia non è causata da deficit sensoriali o neurologici. I bambini affetti da questi disturbi possono imparare a leggere e scrivere, ma solo impegnando al massimo le loro capacità e energie.

Proprio pensando alle esigenze di questi bambini, Il Battello a Vapore ha sviluppato il suo progetto di LIBRI AD ALTA LEGGIBILITÀ. Non si tratta di testi semplificati nei contenuti ma di **libri per tutti** con caratteristiche grafiche e di impaginazione che favoriscono la leggibilità e che li rendono **accessibili anche** a bambini con **DSA** e con **BES**. Perché leggere è un diritto di tutti i bambini.

Le caratteristiche dei libri ad alta leggibilità:

- utilizzano la font ***leggimi***, creata nel 2006 dalla Sinnos editrice con la collaborazione di neuropsichiatri, logopedisti e insegnanti, e studiata appositamente per chi ha difficoltà di lettura e in particolare per chi ha problemi di dislessia;
- utilizzano interlinea e spaziature più ampie del normale;
- il testo è sempre allineato a sinistra e le parole non vengono mai sillabate;
- le illustrazioni non interrompono le righe di testo.

Per ulteriori informazioni sulla font ***leggimi*** e sul lavoro della Sinnos (che ha collaborato con Il Battello a Vapore per la progettazione e la realizzazione di questi libri) potete consultare il sito: **www.sinnos.org**

Nota degli Autori

Se ami i ramarri e i gatti che mangiano i ramarri, questa storia fa per te.

Se a volte ti senti diverso da tutti gli altri e anche incompreso, questa è la storia giusta.

Se almeno una volta ti sei innamorato, se pensi che ti innamorerai prima o poi, o che mai l'amore possa raggiungerti, allora questa storia ti convincerà.

Se nelle storie cerchi divertimento, avventura, ma anche riflessione, allora ne hai una tra le mani proprio così.

Se ami leggere le storie "più o meno" a lieto fine, leggi questa e "più o meno" così sarà.

Se fai un po' fatica a leggere, questa è la storia perfetta per te!

Ti auguriamo buon viaggio... in fondo ogni storia lo è!

Loredana e Marco

1
Michele

Sto uscendo di casa con mia sorella Alba.
Giornata nera. Nerissima. Catrame puro.

Primo giorno di scuola secondaria
di primo grado, classe prima,
per il sottoscritto. Michele Dorsi.

Tutto diverso. Tanti prof. Chissà come saranno.

Tante materie. Una dozzina. Qualcuna mai sentita.

Tanti libri. *Quindici chili e quattro etti*, letto sulla bilancia del bagno di casa mia.

Andiamo verso la fermata dell'autobus.

Dicono che nella secondaria quelli di terza fanno scherzi terribili a noi primini. Mia sorella sostiene di no. Che sono sempre e solo i ragazzi che nessuno considera, a fare i bulli. Basta non dar loro retta. Sarà. Ma se vogliono farmi qualcosa, io non posso nemmeno contare sui compagni nuovi. Non li conosco. Non so chi sono. Tranne due.

Uno è Vincenzo. Però con lui non andavo d'accordo già alla primaria. Come non averlo.

L'altra è Clotilde.

Clotilde.

Penso a lei e il nero diventa ancora più nero. Buio assoluto. Quello che deve esserci in una grotta sprofondata all'infinito verso il centro della terra.

L'autobus arriva. Mia sorella sale e io subito divento un fantasma. Saluta a destra e a sinistra e fa come se non esistessi.

Mi guardo in giro. Non c'è nessuno che conosco. Non mi stupisco. È possibile che per il primo giorno i genitori li abbiano accompagnati con l'auto. Per fortuna ci sono ancora posti a sedere. Mi metto in un angolo e penso che in fondo me la sono voluta.

Ieri sera a cena la mamma me l'aveva chiesto se volevo un passaggio. Le avevo risposto con sguardo omicida.
Aveva capito e sorriso.

– Vabbe'. Tanto c'è tua sorella. E poi l'autobus, sei abituato a prenderlo –. E non aveva insistito.

Già. L'autobus. Lo prendo da cinque anni infatti. Il problema è che di autobus ce ne sono due. Quello per gli alunni della primaria e quello per la secondaria. Con la conseguenza che l'anno scorso ero in quinta ed ero uno dei più grandi.

Adesso faccio la prima e sono tra i più piccoli.

E poi mia sorella, che fa la terza nella mia stessa scuola, aveva immediatamente espresso il suo punto di vista.

– Io la baby sitter a quello lì non la faccio.

Poi mi aveva guardato tirando fuori l'arma definitiva.

– Pensa se la tua Clotilde ti vedesse con la sorellina che magari ti tiene per mano.

Papà ha alzato lo sguardo dalla bistecca che stava mangiando. – Clotilde? Chi è Clotilde?

Io sono diventato in rapida successione una specie di bandiera italiana, prima bianco, poi rosso, poi verde.

La mamma è intervenuta in mia difesa. Appena in tempo. Stavo per commettere un sorellicidio. – Hai matematica domani Alba?

Colpo bassissimo. Matematica è il problema eterno di mia sorella.

Papà ha tenuto la testa alta. Adesso guardava lei. – Eh già. Vedi di darti da fare quest'anno. Debito formativo in prima. Debito anche in seconda. Va bene che non c'è il due senza il tre, ma...

Alba non ha più detto niente. Ma ormai la frittata era fatta. E io ancora una volta avevo Clotilde al centro dei pensieri.

Clotilde. Un nome bellissimo, anche se molti ridono a sentirlo. Bello come lei. È arrivata l'anno scorso nella mia scuola. Faceva la quinta come me. Solo in un'altra sezione. Di lei mi piace tutto. I capelli. Neri e corti. La bocca. Il naso. Gli occhi scuri. Tutto mi piace.

Questa estate le ho mandato un messaggio, il giorno del suo compleanno. La foto dei fiori del mio terrazzo. Anche se non mi aveva invitato alla festa.

Mi ha risposto con un "grazie".

E dopo tre mesi senza vederla, quando l'ho incontrata? Proprio ieri. Nel momento sbagliato, nel posto sbagliato. Al supermercato dove ero andato a comprare le ultime cose per la scuola con la vipera. Sì, proprio lei. Alba. Mia sorella.

Me la sono improvvisamente trovata davanti. Sobbalzo. Cuore in gola e stomaco nelle caviglie. L'aria che sparisce immediatamente intorno a me come risucchiata da una forza misteriosa. Vuoto pneumatico. Polmoni che non funzionano. Era ancora più bella di come la ricordavo. E cresciuta. Alta quasi quanto me.

Raccogliendo con difficoltà le ultime molecole di ossigeno rimaste negli alveoli polmonari avevo cercato di salutarla. Poco più di un rantolo.

– Ciao Clotilde.

Fine. Nient'altro. Completamente annientato.

Mi ha risposto, gentilissima, con un sorriso splendido: – Ciao Mario.

Mario?

Io non mi chiamo Mario. Michele mi chiamo. Si era sbagliata. Sbagliata!!! Volevo dirglielo ma non ne ho avuto il tempo. Clotilde stava salutando un ragazzo che l'aspettava fuori, che poi è partito sgommando con un motorino.

Ho sentito un rumore strano dietro di me. Mi sono girato. Mia sorella rideva a crepapelle. Non ho detto niente. Ho solo chinato la testa.

L'autobus è arrivato a scuola. Dobbiamo attraversare. Il vigile ci fa cenno di passare.

Clotilde è già lì. Vorrei sprofondare. Mi sento le gambe di piombo. Naturalmente è con quello del motorino.

Mi avvio a testa bassa. Se tutta la secondaria sarà come l'inizio, sono rovinato.

Beep beep.

Un Sms sul cellulare. Guardo. Alba. Mia sorella. Lo apro. “Vai! Non avere paura. Sei un grande! E non fare caso a quella là.”

La guardo. Mi fa ciao con la mano, poi si gira e corre strillando ad abbracciare una sua compagna.

Mi vengono le lacrime agli occhi. Mia sorella quando vuole è una forza. E allora vado avanti verso il mio destino.

Poi sento una sensazione strana. Come di essere osservato. Giro la testa. Dietro una delle colonne del portico c'è Maria Vittoria. Marvi, come la chiamo ogni tanto.

Ha in mano un cellulare e lo guarda come se fosse un alieno verde e viscido. Proprio con espressione di schifo.

Vorrei salutarla. È brava, mi piace. Fa la quinta della primaria.

L'anno scorso la vedevo sempre
nel corridoio quando faceva la quarta
e in quinta c'ero io.

Ma arriva una maestra e la porta via.

E penso che forse è meno bella
di Clotilde, ma più simpatica. Con lei
sto benissimo. E sicuramente
non frequenta uno con il motorino.

2
Maria Vittoria che sono io

Primo giorno di scuola, classe quinta. V C, per la precisione, della scuola primaria, dell'Istituto comprensivo Gianni Rodari.

Grembiule bianco a pois che odio,
zaino a fiorellini dell'anno scorso
appartenuto per due anni a mia sorella,
astuccio pieno di penne colorate e...
cellulare.

Sì sì sì.

Non potevo perdere l'occasione.
Oggi lo vedo. Dopo tre mesi. Lunghissimi.
Infiniti.

Giugno luglio agosto.

16 settembre.

Michele.

Io Maria Vittoria.

MVM.

Fantastico.

Oggi faccio la foto a Michele.
Con il cellulare di mia sorella Valeria.

Lei va alle superiori e torna non prima delle 14.30. Così io scarico la foto nel computer di papà che non si sveglia fino a stasera (ho il cavetto e ho fatto le prove con altre foto), la stampo, poi cancello la foto sul cellulare e lo riposiziono sotto il letto.

Stamattina Valeria è quasi impazzita perché non trovava il cellulare. Mamma alla fine l'ha accontentata e con il suo ha composto il numero di quello

di mia sorella per farlo squillare.
Ma io l'avevo spento! Ovviamente!
Però la paura che mi scoprissero era così forte che sono dovuta andare in bagno tre volte. La prima, la seconda, la terza.

Faccio tutte le cose in ordine
come mi ha insegnato il dottore.

Meglio dire Gustavo, anche se la mamma quando si rivolge a lui lo saluta sempre con: «Dottore, alla prossima, sono in ritardo spietato!».

Io dentro di me lo chiamo *Gustavo gusterò*... un gelato, un panino, a seconda delle preferenze del momento.

Gustavo gusterò dice che devo mettere sempre le cose in sequenza per aiutare il mio cervello a essere ordinato.

Sono dislessica. Vabbe', non è come avere il mal di pancia. Non è una malattia. Non ti fa venire i dolori, solo ti confonde un po'.

Se penso a qualche anno fa... direi che "confusa" lo ero un po' tanto. Confusa e impaurita.

Sì, la paura di essere stupida mi aveva presa, anche se mamma e papà mi dicevano che non era vero.

Ma io continuavo ad avere paura. Ora no, non più. Ora mi sono fatta coraggiosa e *Gustavo gusterò* dice che sto andando alla grande, in più stamattina il mio obiettivo è una foto di Michele.

Mia sorella cercava il cellulare dappertutto. A me era preso proprio il terrore e avevo paura che mi si leggesse sulla fronte la frase: «È nel mio zaino».

Comunque alla fine mia madre, stanca e inviperita perché eravamo in ritardo "spietato", come dice sempre lei, l'ha trascinata fuori di casa dicendole che del cellulare poteva farne a meno quel giorno.

Lei urlava: – No no no... Come farò se mi arrivano messaggi?

A dire la verità uno è arrivato.
Di un certo Diddi. Naturalmente io l'ho letto. L'unica cosa chiara era la faccina sorridente.

Comunque, devo riuscire ad avere una foto di Michele. Aspetto che mamma se ne vada. Lei ha provato a dire:
– Se vuoi, Maria Vittoria, aspetto che suoni la campanella!

Io ho fatto la faccia di chi vede un ragno nel panino. Mamma ha riso e ha detto: – Ok ok, sei grande! Vado che sono in un ritardo spietato.

Mi sono appostata in posizione strategica evitando di salutare le mie compagne di scuola. Sto dietro alla colonna di mattoni del portico della scuola. Per fortuna l'ingresso della primaria e della secondaria è unico.

Ho il cellulare pronto. Lui arriva con l'autobus. Abita un po' fuori città, in via Gorizia, e d'estate va dai nonni che abitano al mare.

C'è gran confusione stamattina, ma io faccio l'indifferente. L'autobus arriva e si ferma davanti al cancello. Controllo di aver messo l'opzione "macchina fotografica".

Scendono ragazzi, bambini e anche qualche adulto. Finalmente. Credo di non avere più la saliva.

Inquadro con il cellulare gli scalini dell'autobus. Sposto in alto un po' e... eccolo... Michele... lo guardo nello schermo mentre scende con lo zaino su una spalla e la testa rivolta verso il portone. Scatto. Sento un beep. Cosa significa quel suono? Leggo con difficoltà ma leggo. "Batteria insufficiente per lo scatto".

Noooooo.

Riprovo. Inquadro e scatto. *Beep*.

No no no.

Avrei voglia di buttarlo a terra. Mia sorella! Come si fa a non pensare di ricaricare la batteria!

– Maria Vittoria! La campanella è suonata.

Nascondo il cellulare dentro la tasca del grembiule bianco a pois che odio. La maestra Rossana mi guarda sorridendo.

– Arrivo subito.

– Dura la ripresa... Dai, coraggio. Sarà un bellissimo anno.

Cominciato in maniera pessima. Ma non dico nulla. La seguo su per le scale ed entro in aula.

3
Michele

Ok. Dopo qualche giorno di scuola posso dire, tirando un enorme sospiro di sollievo, che la scuola secondaria di primo grado non è poi tanto male. Anzi, devo ammettere che è meglio della primaria.

I prof sono piuttosto simpatici e li capisci quando spiegano. E poi, se uno o una di loro non ti piace, non resta mica tutta la mattina! Al massimo sta in classe un paio d'ore e poi esce e tu puoi respirare.

A queste condizioni si può sopravvivere.

Le materie per il momento non mi hanno dato problemi. Quei compiti che i prof chiamano test d'ingresso sono andati tutti molto bene. Me l'hanno scritto sul diario e a casa i miei genitori mi hanno fatto i complimenti. Papà ha fatto notare ad Alba che lei risultati così in matematica non li aveva proprio mai visti. Secondo me ha sbagliato, perché Alba ci è rimasta molto male.

I compagni sono quasi tutti simpatici. Anche Livio, che ha ripetuto non so quante classi, è il doppio di me e ha delle gambe così pelose che sembra un orso. I primi giorni mi faceva perfino un po' paura. Appena ha saputo che gioco come portiere negli esordienti della Virtus Gasometro, che è il nome del mio quartiere, anche se il gasometro non c'è più da anni, è venuto a chiedermi se ci stavo a far parte della squadra della classe per poter partecipare al torneo di calcio che la scuola organizza ogni anno.

In tre giorni abbiamo scoperto di essere in undici a voler giocare. E siccome il campo della scuola è piccolo e si può solamente giocare in sette, va benissimo. Così giocheremo tutti, senza titolari o riserve, perché faremo a turno.

Tranne il sottoscritto perché non c'è un altro portiere e nessuno vuole farlo. E la settimana scorsa, quando ci siamo trovati per allenarci, abbiamo finito per ridere per due ore di seguito praticamente senza nemmeno tirare un calcio al pallone.

Tutto bene dunque.

Non proprio. È meglio usare "quasi" invece di "tutto". Perché con Clotilde finora è stato un disastro. In due settimane non sono riuscito a parlarle nemmeno per due secondi.

Nell'intervallo sta sempre con le sue amiche, e ne ha molte anche di seconda, e non posso avvicinarmi a lei. Tutte loro si chiudono nell'atrio che c'è davanti ai bagni delle femmine e noi maschi lì proprio non possiamo stare. Ieri poi, per colpa di Clotilde, a momenti mi prendo un brutto voto.

Be', in realtà la responsabilità è stata tutta mia, però lei non ha avuto nessuna comprensione per me quando mi ha visto in difficoltà, rosso come la lava appena uscita da un vulcano. E anche dopo non si è comportata bene nei miei confronti.

È successo che la prof stava per chiamare qualcuno alla lavagna e nessuno voleva andare.

Nessun rumore in aula. Lo stesso silenzio crudele e pauroso delle segrete di un castello medioevale un attimo prima che il boia inizi a torturare qualcuno. Poi la prof ha chiamato Clotilde. Sospiro collettivo di sollievo di tutta la classe mentre lei si alzava.

In un primo momento mi ha fatto piacere che fosse toccato a lei invece che a me e mi sono anche un po' vergognato del pensiero. Poi ho visto la sua faccia da condannata a morte, e allora mi ha fatto tenerezza.

Così mi è venuta in mente un'idea un po' strana. Alzare la mano e dire a voce alta e chiara: "Prof, lasci stare, vengo io." In definitiva volevo sacrificarmi per lei per dimostrarle il mio affetto. È stato un impulso così forte che stavo quasi per farlo. Mi sono fermato all'ultimo secondo. No. No.

Mai avrei potuto comportarmi così. Avevo paura della reazione della prof, delle prese in giro dei compagni, della sgridata che mi sarei preso a casa se avessi sbagliato l'interrogazione e preso un brutto voto.

Però mi avrebbe fatto piacere e mi sono messo a fantasticare. A immaginare lo stupore di Clotilde, il sorriso solo per me, il suo grazie. E usciti da scuola un abbraccio e chissà, magari un bacio sulla guancia.

Senza accorgermene mi sono messo a sorridere tutto da solo e la prof mi ha visto. – Dorsi, cosa ti fa ridere?

Panico. Mi è mancato il respiro, ho sentito le guance prendere fuoco e il cuore battermi più forte di quando durante una partita stanno per tirare un rigore contro di me.

– E allora? Non vuoi rispondere?

Quando la prof ha continuato, non sapendo cosa dire ho balbettato la prima sciocchezza che mi è passata in mente. – No... ecco... no... ridevo... ridevo... perché stavo pensando a una barzelletta che mi hanno raccontato.

E così è andata come doveva andare.

La classe si è messa a sghignazzare.
La prof ha mandato a posto Clotilde
e alla lavagna ha chiamato me. Martire
e salvatore di Clotilde mio malgrado.
E meno male che me la sono cavata bene.

Quando siamo usciti, comunque,
mi sono avvicinato a Clotilde. In fin
dei conti l'avevo salvata. Veramente
non so cosa mi aspettassi. Certo
non il bacio, ma almeno un sorriso,
un ringraziamento.

Nello stesso momento è arrivato
il solito ragazzo con il motorino.
Mentre si girava per salutarlo lei
mi ha visto e ha salutato anche me.
– Ciao Massimo.

Prima Mario e poi Massimo.
Per la seconda volta ha indovinato
appena l'iniziale del mio nome.

Sì, mi sta diventando antipatica.

4
Maria Vittoria che sono io

Io e Michele ci conosciamo da tanti anni.
Quattro anni sono tanti. Sono arrivata
in I C con il grembiule bianco
che non odiavo perché ero impegnata
ad avere paura di lasciare la mamma
e lui era nel corridoio appoggiato
alla finestra che guardava fuori.

Ho pensato subito che forse guardava
la sua mamma anche lui. Siccome
che sono curiosa (lo so che non si dice
"siccome che", ma seguo l'esempio
di zia Paola che comincia tutte le frasi
con "siccome che") ho guardato cosa
guardava lui e mi sono distratta
un attimo.

Quell'attimo è bastato perché la mamma sparisse. Se ne era andata così, senza baciarmi ancora e senza salutarmi. Era in ritardo spietato anche quella mattina. Volevo piangere.

Mi veniva da piangere però poi lui, cioè Michele, ha detto a voce alta: – Wow – e io mi sono distratta di nuovo. Distratta dagli occhi così lucenti e dal sorriso senza due denti davanti che sembrava una galleria. Meraviglioso.

Quando mi sono spostata verso la finestra lui mi ha detto: – Hai visto che spettacolo?

– Quale? – avevo chiesto con voce sottile.

– Quel gatto... si è mangiato una lucertola in sette secondi. Non male...

Avevo dato un'occhiata al piazzale dove alcune mamme e qualche papà sostavano salutando con la mano aperta e un gran sorriso, e in disparte avevo visto sotto un albero un grosso gatto arancione con la faccia a forma di triangolo che si leccava i baffi mentre qualcosa fuoriusciva dalla bocca.

La coda... la coda della lucertola. Una cosa che somigliava a un filo d'erba che si muoveva a destra e sinistra.

Mi era venuto da vomitare, ma mi ero trattenuta. Ero rimasta ferma finché la maestra Rossana non era venuta a prendermi per portarmi in aula.

Così mi ero innamorata di Michele. Durante l'intervallo mi aveva spiegato che era normale per un gatto mangiare una lucertola, come io mangiavo le code di rospo.

Inutile dire che io non avevo mai mangiato le code di rospo e non conosco nessuno che le abbia mangiate.

Però non avevo detto niente.

Da allora sono passati quattro anni e il mio amore per lui è sempre lo stesso. Anzi è aumentato.

Quando mi bacerà, gli chiederò di sposarmi. Una cosa giusta questa. Devo aspettare che mi baci. Poi è fatta.

– Maria Vittoria, che ne dici di accendere il registratore?

– Sì, maestra.

Siccome che sono dislessica e cioè ho questa cosa particolare che mi fa confondere quando leggo e quando scrivo, la maestra mi fa usare il registratore.

Registro cosa dice la maestra, registro quello che leggono i miei compagni e così, se mi dimentico qualcosa, posso riascoltare. È comodo. La maestra ha detto che lo usano anche i giornalisti quando fanno le interviste o quando non possono prendere appunti.

A casa mi sono esercitata a usarlo. Ho registrato la voce della mamma che parla con la sua amica al telefono e mi sono divertita molto.

«Sì, Elena... ma io credo che potremmo fare così... certo... ma no, ma no, vedrai

che passa... Be', sarà stato un colpo
di freddo... ciao ciao, a dopo.»

Praticamente non si capisce né il soggetto né le espansioni. Non si capisce nulla.

La maestra Rossana ci tiene che io formuli la frase con il soggetto e il verbo.

Io amo Michele. Michele ama me? Metto il punto interrogativo solo perché ancora non mi ha baciato. E perché ora sono preoccupata. Certo. Non lo vedrò più nel corridoio prima di entrare in aula o a ricreazione e neppure faremo le gite insieme quest'anno. Lui è alla secondaria. Nello stesso edificio ma lontanissimo.

A giugno, prima che finisse la scuola e io ero triste perché lui se ne andava dai nonni, Michele mi ha detto: «Marvi, ti riporto una lucertola e poi la liberiamo insieme».

A me era sembrato un regalo bellissimo. Non tanto la lucertola che mi fa un po' impressione, non certo paura, ma il fatto che aveva pensato di liberarla insieme. Io e lui.

E poi mi chiama Marvi. Certo non è il massimo, ma a me non dispiace. Lo dice con la r che quasi non si sente. Tra l'altro il mio nome è così lungo e così difficile da scrivere.

Se mamma e papà avessero saputo che sarei stata dislessica, forse avrebbero scelto un nome più semplice, tipo... Sara, Paola, Mara...

Però non avrei avuto la fortuna di sentire il suono "Marvi".

Da quando è iniziata la scuola io e Michele non ci siamo ancora visti. Cioè, visti sì. L'altro ieri vicino ai bagni durante l'intervallo.

Siccome che ci hanno portati in giardino e la maestra ha detto che potevamo restare un po' di più e siccome che il giardino è in comune con quelli della secondaria, io ho chiesto di andare in bagno.

Sono passata per il corridoio della scuola secondaria vergognandomi un po' per via del grembiule bianco a pois che le femmine della secondaria neppure si sognano, però con gli occhiali con la montatura argentata facevo la mia bella figura e anche le scarpe da ginnastica con la zeppa rossa non erano male e così, camminando non troppo velocemente, l'ho visto.

Lui mi ha guardata e ha sorriso. Mi ha salutata con la mano, poi però c'era Miriati.

Miriati Aldo è uno che non sopporto. A parte che ha i capelli "alti" e a me non piacciono i maschi che tengono i capelli così. Una volta che eravamo andati tutti a teatro e lui mi era capitato sulla poltrona davanti, l'ho visto fare una cosa incredibile.

Si è messo un dito nel naso e poi con quel dito ha toccato la mano di Francesca che non si era accorta di nulla e rideva pure. Io volevo avvertirla ma poi lei ha regalato una caramella all'arancia a Michele sorridendogli, io mi sono arrabbiata e così sono stata zitta.

Miriati ha preso Michele per un braccio e insieme sono entrati nei bagni dei maschi. Così non ho potuto chiedergli nulla.

Neppure della lucertola.

Mi domando dove la tenga in attesa di liberarla insieme.

– Maria Vittoria... allora?

– Sì? Sì, sono pronta.

Premo i tasti REC e PLAY e registro la voce di Carolina che legge la leggenda di Osiride.

5
Michele

Ho visto Marvi nel corridoio. Era buffa
con il grembiule bianco a pois.
Alla secondaria le ragazze non lo usano.
Buffa e carina con quegli occhiali
che sembrano d'argento.

Volevo parlarle. Chiederle come andava
quest'anno. Poi mi sono ricordato
della promessa che le avevo fatto.
La lucertola. E allora sono stato contento
che Aldo mi abbia fermato per discutere
la formazione della squadra della classe
per il torneo di calcio della scuola.
Io sono il portiere.

Già. La lucertola. Le avevo promesso
che gliene avrei portata una che poi
avremmo liberato nel cortile della scuola.

Allora nei giorni scorsi sono andato a caccia di lucertole. Ho fatto come mi aveva spiegato papà una volta.

Diceva che quando era bambino, in campagna dai suoi nonni, i miei bisnonni, per catturarle faceva una specie di nodo scorsoio usando uno stelo d'erba. Poi con attenzione cercava di infilare il cappio attorno alla testa della lucertola e quando ci riusciva, via!, tirava e la lucertola restava prigioniera.

Ho provato e riprovato nella stradina vicino a casa mia dove su un muro diroccato di un orto ci sono molte lucertole. Dopo tre giorni e un prato intero di steli d'erba, non avevo preso niente.

Però, quando ormai non ci speravo più, ci sono riuscito. L'ho afferrata con il laccio. Ma quando ho visto la lucertola appesa per aria, come impiccata, dibattersi disperatamente, ho pensato in un attimo diverse cose.

Che a me non sarebbe piaciuto sopportare una cosa del genere.

Che la lucertola è un animale che mangia gli insetti, ragni, bruchi e vermi.

Che beve leccando la rugiada, che è una cosa gentile e carina.

Che ha un sacco di nemici da cui guardarsi. Falchi, aironi, gufi, martore, volpi, cinghiali. E anche un serpente dal nome strano, il colubro liscio, che non so cos'è e che probabilmente non vedrò mai perché è rarissimo.

E come se non bastasse ci sono animali che non lasciano tranquille neppure le sue uova perché il grillotalpa e il carabo, un altro animale che non so proprio cos'è, ne vanno matti.

Tutte cose che avevo imparato su Internet. E quindi non mi sembrava il caso di aggiungere anche Michele Dorsi ai suoi nemici.

E infine che non aveva nessun senso catturarla e poi liberarla in un posto, il cortile della scuola, dove non ci sono sicuramente cinghiali, volpi o martore, ma un gatto lucertolofago sì.

E allora l'ho liberata.

Però la lucertola a Marvi l'avevo promessa. E a questo punto ho avuto un'idea. Ci ho messo altri tre giorni, ma adesso è nel mio zainetto. In realtà non è una lucertola. Sono stato ancora più fortunato. È un ramarro.
Un ramarro verdissimo e gigantesco.

Come ho fatto? A me piace fotografare. Ho una macchina digitale che mi hanno regalato a Natale l'anno scorso.

E allora con pazienza mi sono appostato lungo il muro delle lucertole. Stavolta non con il cappio, ma con la macchina fotografica. Una settimana ci ho messo.

Fino a quando non sono riuscito a fotografare il mio ramarro che se ne stava tranquillo a prendere il sole. Era un po' lontano, ma ho ingrandito la foto sul computer e l'ho stampata.

Avrei voluto mandargliela per email, ma Marvi non ha il computer.

Non che il mio sia granché. È gigantesco. Prima era di papà, poi l'ha usato mamma, Alba e adesso io. È enorme, ha uno schermo pesantissimo e ultraobeso, altro che ultrapiatto!

D'altronde a casa mia funziona così. Gli oggetti vengono ereditati a cascata e io sono sempre l'ultimo ad averli. E meno male che hanno smesso in fretta di mettermi i jeans con i brillantini e le felpe rosa che ad Alba non stavano più. Su quello, non ho sentito ragioni.

Poi ho preso la lucertola, o meglio, il ramarro di carta, e dietro ho scritto due righe:

Cara Marvi,
ecco la lucertola che ti avevo promesso. O meglio, è un ramarro. Sì, è di carta, ma poi ti spiego a voce perché. Puoi tenerlo. Oppure liberarlo. Come? Per esempio ne puoi fare un aeroplanino e gettarlo dalla finestra della tua classe nel cortile della scuola. Il gatto non lo mangerà di sicuro e se non sei capace ti aiuto io. Oppure puoi farne una barchetta e lasciarla andare la prima volta che vai al mare. Magari arriva in America o Australia. Oppure la puoi bruciare. Non sarà tanto bello, ma il fumo andrà dappertutto.

Ciao,

Michele

Quando ho visto che era difficile
darglielo di persona, dato che
non riusciamo a vederci, con una scusa,
all'una, mentre quelli della primaria
vanno a mensa, sono salito al loro piano,
ho cercato la sua classe, e il suo banco.

È inconfondibile, ha lo stesso zaino
dello scorso anno. L'ho aperto e ho messo
dentro il ramarro piegato in quattro.

6
Marvi che sono io

Io non perdo la testa per chi non la perde per me. È chiaro.

Mamma dice sempre che io sono una ragazza decisa. Non lo so, ma questa cosa che provo, davvero penso sia normale.

Perché uno dovrebbe soffrire per qualcun altro che non ti ama?

Le principesse avevano le idee chiare. Sposavano i principi che le liberavano dai draghi e dalle streghe cattive. E i principi o i cavalieri dovevano superare molti ostacoli per raggiungerle e dovevano rischiare pure la vita. Mi sembra giusto e bello.

Valeria, mia sorella, dice che ora le ragazze devono essere pronte a riconoscere i veri cavalieri e che i principi non ci sono proprio.

I principi ci sono invece. Pochi, ma ci sono. Forse si dovrebbe inventare una scuola per principi. Ecco sì. Un maschio può imparare cosa piace alle femmine e, dopo molti esami, può cominciare a conquistare la sua principessa.

Ieri zia Paola mi ha portato a fare shopping. Lei è come me. Dice che se un uomo non è pronto a fare follie per te, allora è meglio guardare altrove o passeggiare sola. Lei passeggia sola. Ed è pure bella. Oh sì. Ma nessuno ha fatto follie per lei.

Ho pensato a Michele. Il ramarro nel mio zaino mi ha fatto battere il cuore più forte. Aveva fatto tutto questo per me e di nascosto dagli altri. Fantastico!

Però poi ho pensato che Michele aveva mancato alla promessa. Dovevamo liberarlo insieme. Invece mi ha scritto una lettera.

Se sapesse che sono dislessica, ecco, non l'avrebbe scritta così lunga. Ho faticato molto a leggerla perché non era neppure in stampatello maiuscolo. L'ha scritta con la sua grafia che non si capisce. Le *p* sembrano *b* e le *l* sembrano *f*.

La fotografia di un ramarro può essere paragonata a un drago?

Ho raccontato tutto alla zia. Lei mi ha detto che era comunque un gesto carino e che i maschi raramente ricordano le promesse, quindi il fatto che Michele avesse in qualche modo cercato di mantenere la sua promessa gli dava dei punti.

– Ecco sì... dei punti. Quanti?

– Mah, non so. Diciamo 7.

– E quanti ce ne vogliono per essere davvero un principe?

– Ah... vediamo. Circa 900.

– 900 punti?

– Più o meno.

Poi la zia ha riso e mi ha fatto scegliere tra una gonna di jeans e un paio di pantaloni.

Ho guardato la gonna di jeans
con le tasche coperte di strass e i ricami
di cuori rossi.

– Quella!

Zia Paola ha detto che sono una vera
principessa.

Peccato che la gonna verrà coperta
dal grembiule bianco a pois. La commessa
mi ha aiutata a misurarla. Quella
in vetrina non mi entrava. Così ha preso
una taglia più grande e ha detto:
– Quanta bella ciccia!

Io ho riso.

A me piace la mia ciccia. È tutta
composta da bei piatti di pasta
al pomodoro, lasagne, pollo arrosto
e patate, piadine al prosciutto, crostate
di marmellata. Sono grassottella
e non mi dispiace affatto.

Quando andiamo in palestra e facciamo gli esercizi sono la più brava con le capriole e se cado non mi faccio male per niente.

A un vero principe deve piacere un po' di ciccia.

Il pomeriggio è finito con un gelato di cioccolata in una gelateria che zia Paola frequenta con le sue amiche.

Un ambiente elegante, con i tavoli in pietra e ferro e le poltroncine al posto delle sedie, e il cameriere aveva anche il papillon.

– Siccome che... ci meritiamo un po' di *principessite*.

A casa ho riflettuto sui punti che la zia ha dato a Michele. 7.

Ho fatto la sottrazione, per arrivare a 900 ne mancano ancora 893.

Ho sospirato. Un numero enorme. Però le principesse devono avere pazienza. Questo sì. Una persona per perdere la testa ci può mettere un po' di tempo.

Ho pensato anche che dovevo rispondere a Michele.

È un problema scrivere una lettera! E poi se faccio errori, chi me lo dice? Non posso farmela certo correggere dalla maestra o da mia sorella Valeria. Sai le risate! Eh no... non voglio fare la figura dell'analfabeta.

Alla fine ho capito come fare.

Ho preso un nastro nuovo e l'ho infilato nel registratore. Poi ho pensato a cosa rispondere e ho deciso di dire la verità.

Quasi.

Ciao Michele. Ho visto il ramarro. Grazie. È molto bello, meglio di una lucertola. Ho messo la foto nella mia camera e stanotte ho sognato che si era trasformato in un drago. Ma non ho avuto paura perché sapevo che lo avevi mandato tu.

Marvi.

Così poteva bastare. Meglio non dire troppo. Meglio non chiedere. Ho sfilato il piccolo nastro e poi ho messo di nuovo quello della lezione di inglese e ho ripetuto per una decina di volte quello che la maestra Elisabetta chiedeva.

– *Good morning, what's your name? Excuse me, where is the restroom?*

Ora il problema è come dare il nastro a Michele.

Ci ho pensato tutta la sera. Mi sono addormentata con questo problema da risolvere. Come quella volta che dovevo decidere se accettare l'invito di Giovanna al suo compleanno. Io la detestavo da quando in seconda mi aveva dato della stupida. Stupida perché non riuscivo a leggere bene. Ancora non avevano capito che fossi dislessica. E che non leggevo bene lo sapevo, certo. Ma non mi sentivo stupida. Così io Giovanna non la consideravo proprio e non le prestavo neppure il temperamatite.

Ma le sue feste di compleanno erano da sogno. Giovanna vive in una specie di parco con tanto di altalene e di casetta sull'albero. Sua madre mette festoni tra gli alberi e palloncini legati ai rami. E poi cucina delle cose che a me piacciono tanto. Tipo le piadine al cioccolato e un pan di Spagna arrotolato con dentro la crema e pezzetti di cioccolata.

Però avevo deciso di non essere più sua amica. Così quando ricevetti l'invito scritto in un cartoncino con disegnate nove candeline ebbi voglia di strapparlo. Ci pensai tutto il giorno a cosa fare.

Certo non potevo perdonare così facilmente quello "stupida". Sul dizionario "stupida" c'è. E c'è scritto che si dice di persona che ha scarsa intelligenza.

Che ero dislessica me lo avevano detto e mi avevano spiegato che non era una malattia e neppure un problema di intelligenza.

Io lo avevo capito, anche se continuavo a essere un po' agitata quando dovevo leggere o scrivere, ma i miei compagni non sapevano bene cosa fosse quella cosa che non mi faceva leggere in modo chiaro, automatico e veloce come molti di loro.

Però quello "stupida", secondo me, era troppo.

Era una grande offesa. Però c'erano anche le ballerine nuove che potevo indossare per la festa. Un regalo di zia Paola. Rosse e lucide con il fiocco davanti. Nessuno aveva delle scarpe così.

La sera andai a letto con il biglietto di invito sotto il cuscino. L'idea geniale era lì, al mattino.

Così, arrivata dal mio cervello non stupido. Le portai un regalo che avrebbe detestato. Un materassino. Con il biglietto: *Per le capriole all'indietro* (rivisto senza bisogno di correzioni da Valeria).

Giovanna ha paura di fare le capriole all'indietro e in palestra, quando è il suo turno, si blocca sempre.

Alla festa, lei mi era piaciuta perché aveva riso quando aveva letto il biglietto e sua mamma mi aveva ringraziato molto.

Così il problema era stato risolto e mi ero goduta la festa. Prima di andare via le avevo anche detto: «Io non sono stupida e tu non sei imbranata!».
Lei aveva fatto una faccia strana.
Poi aveva di nuovo riso. Pace fatta!
Potevo di nuovo prestarle
il temperamatite.

Anche stamattina l'idea è arrivata.
Comincio a credere che la notte
sia davvero magica.

Ho messo il nastro in una busta
e l'ho chiusa con la pinzatrice.

Appostamento all'autobus della secondaria evitando di farmi beccare dalla maestra. Studio della posizione dell'autobus. Ora aspetto. Che agitazione!

– Oggi guardiamo insieme il diario?

Carolina mi ha seguita per le scale
e si è messa vicina a me.

La guardo e vorrei fulminarla.

– Certo, certo.

– Ma non vieni?

– Arrivo subito... tu intanto vai!

– Ma no, ti aspetto. Cosa fai qui, vicino al cancello?

Ci sono nella vita delle situazioni che vorresti proprio saltare. Come con la corda. Un salto e via, passi alla prossima.

– Ieri ho perso un braccialetto...

– Ah sì? Allora ti aiuto a cercarlo.

– No. Cioè no, grazie. Ho già guardato io. Aspetto la mamma che mi porta la merenda... tu vai pure!

Sono a quota due bugie e la giornata non è neppure cominciata.

Ho messo la busta per Michele tra due quaderni, che tengo in mano, e alcuni fogli liberi (ventuno per la precisione) che mi servono per il trabocchetto.

Carolina mi guarda dagli occhiali e so che non mollerà. È una pettegola curiosa. Più di me e di Anna messe insieme. E per di più fa anche la spia senza pensarci due volte. Ossessionata dall'ordine, stressa, a volte, anche la maestra.

– Carolina... hai le scarpe sporche... Dove l'hai pestata?

La mia faccia è tutta disgustata, lo so. Tre bugie.

Lei spalanca gli occhi e si guarda le scarpe in allarme.

– Ma che dici?

– Scusa... ma allora da dove viene questa puzza?

Annuso l'aria vicino a lei.

– Quale puzza?

– Mah... sento puzza.

– Oddio... davvero?

– Molto.

Non devo andarci leggera. Certo non è convinta, ma il dubbio ormai è nella sua testa.

– Vado in bagno a vedere...

Ha la voce mortificata e un po' incerta. Si volta e comincia a camminare con cautela strofinando le suole a terra come a volerle raschiare. La seguo con gli occhi sperando che non si giri.

Mentre Carolina scompare dentro il portone, arriva l'autobus della secondaria.

Faccio qualche passo indietro e comincio a contare nascosta dal tronco del pino con la corteccia lucida. Arrivo a cinque. Apertura porta.

Comincio a camminare come se arrivassi ora. Discesa. Sono importanti i tempi. La, accidenti come si chiama? Ah sì... *sincronia*.

Per fortuna il primo non è lui. È uno dei grandi. Di quelli di terza con la felpa a tracolla e l'aria assonnata. Il secondo è alto e magro con gli occhiali da sole. Io risulto invisibile per loro. Sono a un passo dall'autobus. Rallento... mi guardo intorno.

Lo vedo, vicino all'autista, prepararsi a scendere. Lui non è ancora alto. Ovvero: è più alto di me e ha i capelli

girati a destra col gel. Bellissimo.
E allora conto fino a cinque di nuovo
e poi scatto in avanti senza rallentare.

Sbam.

Lo prendo in pieno. I libri cadono
dalle mani e i fogli si sparpagliano.
Effetto disastro. Lui si ferma
e per un attimo non sa cosa fare, poi
lascia lo zaino a terra e mi aiuta
a raccogliere.

Tutto come previsto.

– Scusa Marvi, non ti avevo vista
arrivare.

Lo dice con la voce meravigliosa.

I fogli (ventuno) sono parecchi...
penso che forse ho esagerato un po'.

– Cosa ci fai con tutta questa roba?

Oddio, riconosco questa voce.

– Dai che ti aiuto. Guarda che
la campanella è suonata.

Carolina. Anche lei raccoglie i fogli.
Vorrei disintegrarla. La guardo e giuro
che mai le presterò il temperamatite. Mai.

Michele si rimette lo zaino sulle spalle.
Adesso se ne va. Adesso o mai più.

Prendo la busta e, veloce, gliela metto
in mano cercando di non urlare
e di non affogare con tutta l'aria che sto
ingoiando.

– È per te! –. Sono riuscita a dirlo.

Lui sorride e scuote la testa
in orizzontale. Poi se ne va.

Lo guardo finché non gira l'angolo.
Dovrebbe essere un angolo retto, ma
lui fa la curva.

Tiene la busta in mano
e l'ultima cosa che vedo di lui
è un pezzetto di gomito che sta dentro
una maglietta azzurra. Io adoro l'azzurro.

Poi corro verso il portone lasciando
Carolina a raccogliere i fogli
che non servono a niente. Non più.
Prima di entrare mi fermo e urlo
verso di lei con molta convinzione.

– Accidenti... ma da dove arriva questa
puzza tremenda?

E mi precipito in classe. Sono felice.

7
Michele

Una cassetta. Anzi una minicassetta per un registratore. Me la giro fra le mani sotto il banco mentre la prof di italiano sta spiegando i giudizi di una prova scritta.

Perché Marvi me l'ha data?
Che me ne faccio? Dove l'ascolto?

La prof continua a parlare.

– Il tuo lessico è un po' povero, Ruzzi, dovresti sforzarti...

Lampo di genio!

Lessico! Ecco perché! Come ho fatto a non pensarci prima?!

Marvi è dis... come si dice... dislessica. Cioè, se ho capito bene, ha difficoltà a leggere e a scrivere. Lo so perché ho sentito le maestre che ne parlavano in corridoio qualche volta, gli anni scorsi.

Quindi la cassetta potrebbe essere una specie di lettera. Perché avrebbe fatto fatica a scriverne una vera.

Io invece l'ho scritta. Vabbe'. Era breve.

Bene, risolta la prima domanda, e anche la seconda, perché in qualche modo devo rispondere, resta la terza domanda. La più importante: come faccio ad ascoltare questa cassetta? In casa non abbiamo un registratore. E chi li usa più? Alba anche per registrare usa il suo Mp3 dove ha messo quintali di musica. Ma una cassetta non entra in un Mp3.

– Professoressa, alla fine dell'ora dovrebbe passare in segreteria –. Un bidello si affaccia alla porta con un messaggio per la prof.

Segreteria?

Altro lampo di genio!

Ecco come potrei fare! E naturalmente, perché nessuno metta il naso nei miei affari, dovrò aspettare di essere solo in casa. Che non è poi troppo difficile, almeno oggi.

È martedì, uno dei giorni dell'allenamento di pallavolo per Alba. Mamma uscirà prima delle cinque per portarla in palestra. E io avrò campo libero.

Sì, perché nel soggiorno, abbiamo un telefono che è una specie di catafalco. Enorme. La mamma dice «preistorico». Entrato in casa addirittura prima che io nascessi. Funziona anche come fax e, importantissimo in questo momento, come segreteria telefonica. Che nessuno usa più.

Come dice mamma, ormai i cellulari l'hanno resa inutile. Ma nessuno ha tolto il sarcofago dal mobile in cui si trova.

Quando mamma prova a dire che forse occupa spazio inutilmente, papà appare irremovibile: – Funziona e non dà fastidio a nessuno. Lasciamolo lì. Non si sa mai.

E io so che la segreteria telefonica funziona con piccole cassette. Spero

come quella che mi ha dato Marvi.
È l'unica cosa che devo accertare.

A casa, appena posso, recupero le istruzioni per l'uso. È facile, i libretti che spiegano come funzionano gli oggetti passati in casa nostra, dal Paleozoico in poi, sono tutti ammucchiati in un cassetto. Nessuno pensa mai a gettarli nel riciclo della carta.

Sia benedetto il "non si sa mai" di papà. È grazie a quello che adesso sto leggendo in camera mia come funziona la nostra segreteria telefonica, mentre faccio finta di studiare.
Fino a quando, alle cinque meno un quarto in punto, la mamma si affaccia nella mia camera. – Michele, io vado. Fai il bravo.

Annuisco, aspetto ancora qualche minuto prima di muovermi, la mamma ha la spiccata tendenza a tornare indietro per aver dimenticato qualcosa, poi mi avvicino al catafalco. E seguo alla lettera le istruzioni del libretto.

Apro lo sportellino, tiro fuori la minicassetta in dotazione alla segreteria, infilo al suo posto quella di Marvi. Fin qui tutto bene. Faccio un respiro profondo e premo il tasto PLAY.

Un attimo di silenzio sospeso... Poi la voce di Marvi si diffonde per la casa.

Ciao Michele. Ho visto il ramarro. Grazie. È molto bello, meglio di una lucertola. Ho messo la foto nella mia camera e stanotte ho sognato che si era trasformato in un drago. Ma non ho avuto paura perché sapevo che lo avevi mandato tu. Marvi.

Fa uno strano effetto sentirla. Bello. Come le sue parole. È gentile. Mi emoziona.

Mi sembra di vederla. Poi vedo il biglietto. Lo apro. Incredibile!

CIAO MICHELE. HO VISTO IL RAMARRO. GRAZIE. È MOLTO BELLO, MEGLIO DI UNA LUCERTOLA. HO MESSO LA FOTO NELLA MIA CAMERA E STANOTTE HO SOGNATO CHE SI ERA TRASFORMATO IN UN DRAGO. MA NON HO AVUTO PAURA PERCHÉ SAPEVO CHE LO AVEVI MANDATO TU. MARVI

Gli occhi mi fanno scintille. Allontano il foglio stendendo le braccia, ma l'effetto è lo stesso. Non ci capisco nulla. Lo giro e dietro vedo la frase.

IO, QUANDO HO UNA COSA DA LEGGERE, LA VEDO PIÙ O MENO COSÌ... SICCOME CHE SONO DISLESSICA. MA MI PIACCIONO LE TUE LETTERE.

MV

Ecco fatto. Bella figura! E adesso devo rispondere. Anzi voglio rispondere. E come faccio?

Una lettera? Escluso. La cassetta? E come la registro?

Improvvisamente ho il terzo lampo di genio della giornata. Questa che ho davanti è una segreteria telefonica. Quindi è in grado di registrare messaggi.

Quindi... Non resta che provare.

Prima cosa, stabilire cosa dire. Ci penso un po', poi per sicurezza me lo scrivo. Ci metto qualche minuto a trovare le parole giuste. Prendo il cellulare e faccio il numero di casa.

Incollo l'orecchio all'auricolare. Il telefono suona. Una. Due. Tre volte.

– Questa è la segreteria telefonica del... ecc... ecc... ecc...

Evvai! Finalmente arriva il punto che aspetto.

– ...Lasciate un messaggio dopo il beep. Grazie.

Aspetto un attimo. Parlo. Con la voce più bella che ho in dotazione. Almeno spero.

Grazie del tuo messaggio. Ho pensato che però non abbiamo liberato la lucertola insieme. Per farmi perdonare ti farò una sorpresa. Non ti dico quale, altrimenti che sorpresa sarebbe?

Fine. Premo PLAY per controllare.

Riascolto una voce che quasi non riconosco. Strana. Irriconoscibile. Mi suona perfino un po' sgradevole.

Ma gli altri sentono la mia voce così? Però è chiara e il messaggio si capisce bene.

Ok.

Estraggo dalla segreteria la cassetta destinata a Marvi. Rinfilo nello scomparto quella che c'era prima.

Controllo un'ultima volta il sarcofago. Nessuna traccia.

Torno in camera mia.

Felice.

Perché l'idea della sorpresa è vera. Ne ho avuta una perché Marvi possa avere un mio saluto già al mattino, appena esce di casa. Mi è venuta in mente l'altro giorno, quando in auto con papà sono passato proprio davanti a casa sua e siamo stati fermi un quarto d'ora per dei lavori in corso.

Papà brontolava che era tardi, ma a me non è spiaciuto stare lì. Mi faceva piacere pensare che Marvi fosse a poca distanza da me e che magari l'avrei anche vista. Poi ho notato il distributore. Chiuso perché il proprietario è andato in pensione. Da poco però, perché papà faceva sempre benzina lì.

E accanto alle pompe con scritto *non in funzione* c'era una cosa strana che mi aveva sempre affascinato. Un pannello per scriverci sopra i prezzi della benzina.

È alto come me, cementato al suolo perché nessuno se lo possa portare via. Sopra ci sono quattro righe composte ognuna di altrettanti piccoli pannelli su cui, con un sistema strano di alette che si alzano e si abbassano coprendo o scoprendo delle strisce bianche, si possono comporre numeri e lettere con caratteri uguali a quelli degli orologi digitali. Quindi si possono scrivere messaggi. Brevi, solo sedici lettere al massimo. Ma meglio di niente.

Ho deciso. Domani o dopodomani prenderò la bici e verrò al distributore. Da casa mia non è lontano e c'è anche la pista ciclabile.

Fotograferò il pannello prima di scrivere. Metterò la foto insieme alla cassetta perché Marvi capisca. Scriverò anche: *Guardalo domattina*.

Sul pannello metterò:

CIAO A DOPO

Sono solo nove lettere. Dovrebbe riuscire a leggerle bene. Avrei anche pensato di scrivere:

BACI

Però non so se ne avrò il coraggio. Vedrò sul momento. Anche se *baci* è meglio di no.

8
Marvi che sono io

Ora è tutto tondo. Tutto rotondissimo. E tutto rotola bene. Mi piace rotolare. Mi piacciono le cose che rotolano.

Alzo la mano. La maestra Rossana mi sorride.

– Sì, Maria Vittoria?

– La sfera! –. E lo dico con grande convinzione. Con grande soddisfazione.

La maestra ora dirà «brava» e io potrò continuare a pensare alle 16.45. Ma la maestra tarda a dire «brava». Forse è rimasta sorpresa. Infatti ha lo sguardo meravigliato.

– Maria Vittoria... stavamo parlando dei cubi. Quello delle sfere era l'argomento di due minuti fa.

Nessuno ride per fortuna. Però, so che ridono dentro. Lo so. Be', siccome che sono dislessica, se non mi impegno al massimo alcune cose le perdo. Cioè è come se le cose nel mio cervello avvenissero un po' al rallentatore.

Gustavo gusterò me l'ha spiegato e mi ha detto di non preoccuparmi. Non accade sempre e quando accade non devo spaventarmi.

– Sì, certo, maestra, lo so. Però volevo aggiungere che le sfere sono talmente perfette che i maghi le usano sempre per capire il passato e il futuro.

– Mmm, formidabile, Maria Vittoria. Trasferire le informazioni da un contesto a un altro è una dote rara. Brava.

Non esulto. Ho solo rimesso le cose a posto. Una dislessica deve imparare a cavarsela, altrimenti rischia grosso. A volte mi distraggo. Stare attenta costa molta energia e mi affatico. Così succede che quando sono stanca perdo dei passaggi e rispondo alla domanda precedente.

Le prime volte i miei compagni di classe ridacchiavano. Io rimanevo con gli occhi bassi. Umiliata. Confusa. Mi ero quasi convinta di essere stupida.

Poi Gustavo mi ha spiegato.

Non sono stupida. A volte salto. Appunto, come con la corda. Inoltre si può sempre dire: "siccome che sono dislessica..." senza approfittarsene troppo.

Be', io approfitto quando ce n'è bisogno. Mi pare un diritto per un dislessico. *Gustavo gusterò* dice che sono speciale perché mi sto impegnando tanto a prendere in giro la dislessia. È così che si deve fare!

Michele ormai deve averlo capito dopo il biglietto che ho allegato alla cassetta. È stata una buona idea, tanto per tenerlo lontano dalla tentazione di scrivermi molte lettere, che adoro, ma insomma, fatico a leggere.

(È stato facile. Ho scritto le frasi al computer e poi dentro una casella di testo le ho copiate e sovrapposte. Un esperimento di *Gustavo gusterò* per far capire alla mamma come io vedevo, più o meno, i testi scritti.)

Comunque stamattina ho riprovato con l'appostamento all'autobus. Senza fogli da far cadere, naturalmente.

Lui mi ha vista e si è avvicinato un po'. Non tantissimo ma quanto bastava per dirmi una cosa strana.

– Guarda il tabellone del distributore di benzina, quello che sta davanti a casa tua... oggi! –. E poi mi ha dato la busta con dentro la cassetta. È scappato via subito senza aspettare che riprendessi fiato per dire qualcosa.

Avrei potuto dire: "Accidenti quanto sei bello!" oppure: "Parli proprio bene". Mmm... no, non avrei potuto dire nulla di tutto questo. Non ce l'avrei fatta. Quindi meglio così, anche se mi è dispiaciuto vederlo andare via.

Ho preso il registratore che tengo sempre nello zaino e sono andata in bagno. Ho anche messo le cuffiette alle orecchie, così non si sarebbero sentite voci strane. Un maschio nel bagno delle femmine. Orribile!

Ho ascoltato la voce. La sua voce è magica. Prima di dire le parole c'è uno spazio. Una pausa. Mi piace. Il messaggio è breve. Però, come dice

la maestra Gemma, «denso di contenuto».
Una sorpresa. Una sorpresa per me!
Certo me la merito.

Così ora tormento l'orologio di Giovanna. È un orologio tutto in gomma color rosa con il quadrante rettangolare. Giovanna sbuffa ogni volta che le chiedo di dirmi l'ora.

Le tre e venti. Le 15.20. Ancora un'ora e poi scoprirò cosa c'è alla pompa di benzina. Forse un regalo per me?

Impossibile. Non può aver lasciato un oggetto in un posto dove possono andare tutti. Lo prenderebbero.
No, deve essere altro. Non riesco a immaginare. E sì che di fantasia ne ho.

Ieri sera ho deciso di dargli dei punti. Sì insomma, per ogni cosa da principe che fa, gli assegno dei punti e un colore. Se arriva a 900 punti e al colore azzurro, allora lui diventa principe azzurro.

L'idea mi è venuta in corridoio mentre la mamma era al telefono con zia Paola.

Zia Paola si sposa. Mamma quasi urlava al telefono e poi si è messa seduta sulla poltrona del corridoio e piangeva e rideva. Io mi ero fermata alla parola "sposa". Quindi zia Paola doveva aver trovato il principe che ha fatto follie per lei.

Stavo aspettando il mio turno per parlare con la zia, prima di me c'era Valeria tutta eccitata come se fosse lei a doversi sposare.

Mamma diceva: – Ma neppure lo conosciamo! Ma chi è? Un tuo collega? Paola, tu fai sempre le cose in silenzio.

Nell'attesa guardavo le mie scarpe rosse e l'idea è arrivata.

Sicuramente anche zia Paola aveva fatto le prove per verificare se quello che stava per sposare era un vero principe. E io ero curiosa di sapere quali.

Poi Valeria aveva chiuso il telefono, senza passarmela. È disgustosa mia sorella certe volte. – Non l'ho fatto apposta... ti giuro...

E chi le crede? La mamma ha detto di non preoccuparmi, che avrei potuto telefonarle il giorno dopo, ma non era la stessa cosa. E poi ha aggiunto che la pasta si stava raffreddando e papà aveva fame e poi doveva andare al lavoro.

Papà lavora come guardiano notturno. Povero! Deve stare sveglio tutta la notte e dorme al mattino fino a quando non torno io da scuola. Lui dice che vive a metà ma che presto cambierà lavoro e potrà accompagnarmi a scuola.

A me non importa di chi mi accompagna. Sono grande e non è un problema. Vorrei a volte stare un po' di più con lui, la sera. Guardare un film o ascoltarlo leggere. Papà legge molto bene. Meglio della mamma. Sa fare le pause e sa mettere paura quando occorre e fa ridere quando serve. È un attore. Io glielo dico sempre, anche quando legge le previsioni del tempo. Lui sorride e si mette di profilo toccandosi la barba. Non ci crede, ma è contento.

Comunque l'idea dei punti è diventata sempre più chiara. Solo volevo sapere da zia Paola quanti punti Michele poteva avere per aver risposto e inciso il messaggio nella cassetta, invece che scrivere. Forse 20? Non ho potuto chiedere a zia. Ho fatto 30. Tanto per dargli un extra di incoraggiamento.

Quindi ora Michele ha 37 punti. Per arrivare a 900 ne mancano ancora 863. Be'... non proprio una cosa veloce, ma la sorpresa di oggi potrebbe valerne 100.

Sì, potrebbe. Il massimo, ho deciso così ora, che si possa assegnare per una prova. 100 punti.

L'ho detto anche nel diario che ho iniziato ieri sera. Un diario non scritto, ovviamente. Un diario vocale.
Sulle cassette. Sì, dovevo raccontarlo a qualcuno di Michele. Ma Valeria ha sempre da fare. Cerca sempre le sue amiche.

Prima non era così. Quando facevo la seconda, Valeria giocava con me e anzi mi prestava le sue bambole e il pomeriggio guardavamo insieme il tramonto dal terrazzo di casa. Adesso lei è diversa. Dice mamma che anche io sarò così, poi fa gli scongiuri e ride.

Potrei raccontare tutto alla mamma. Mmm... non mi va. È una cosa mia mia. E allora ho pensato alle mie amiche che tengono i diari segreti... Scrivono pagine che poi chiudono con un lucchetto.

Allora io registro la mia voce.

Ciao a me che sono Maria Vittoria. O meglio, Marvi. Be', Michele è stupendo e bellissimo, ma non so se può essere il mio principe.

Non lo so perché non è che mi innamoro facile, io. E poi non è che i principi hanno la corona in testa per riconoscerli dai perfidi e dai malvagi. Penso che lo sia. Anzi, mi piacerebbe.

Però devo verificare. Bisogna sempre verificare. A scuola, per vedere se hai capito la proprietà della moltiplicazione, si fa una verifica.

Per un principe, credo non ne basti una sola. E allora penso sia utile dare dei punti per ogni verifica andata bene.

Ora Michele ha 37 punti. Deve arrivare a 900. Ecco, se arriva a 900, io saprò che lui è il principe azzurro. Ora ha 37 punti ed è arancio. Deve passare al rosso, poi al verde, poi al blu, e infine all'azzurro.

Sono i colori che mi piacciono di più e quindi stabilisco che a 300 punti passa al rosso, a 400 punti al verde, a 600 punti al blu e a 800 è già azzurro. Non un azzurro luminoso, diciamo. Azzurro normale. A 900 punti l'azzurro diventa splendente.

Questo è il mio gioco e le regole le posso fare io. Le regole si possono cambiare se assolutamente necessario. D'altronde anche nel karate ci sono i colori a indicare la bravura.

Per ora basta così. Oggi, 24 settembre, Michele ha 37 punti e io sono molto felice.

Ciao a tutti e ciao a me che sono Maria Vittoria.

9
Michele

A Marvi voglio proprio bene. L'ho scoperto quasi per caso. Durante l'interrogazione di matematica mercoledì scorso.

Nessuno voleva andare alla lavagna. C'erano da correggere delle espressioni disumane, di quelle che le fai venti volte, ti vengono venticinque risultati differenti e, quando provi a correggerle, ti accorgi di aver sbagliato almeno cinque passaggi.

Il solito silenzio. Poi la prof ha parlato, quasi sussurrando: – Clotilde, vuoi venire tu?

E per poco si è evitato un "evvai" collettivo per il pericolo scampato.

Clotilde si è alzata ed è andata verso la cattedra.

E nello stesso momento mi sono accorto improvvisamente di tre cose.

Primo. Ero contento che fosse toccato a lei.

Secondo. Mi sono reso conto che non pensavo a lei da parecchio. Non ricordavo più nemmeno da quanto. Proprio mi era passata di mente. Come se non facesse più parte della mia vita. Mentre durante le vacanze non riuscivo a togliermela dalla testa. Anche se non la vedevo mai.

Terzo. Mi sono accorto che invece pensavo sempre più spesso a Marvi.

Negli ultimi giorni ho immaginato mille situazioni in cui avrei potuto trovarmi con lei. Con il sottoscritto che faceva sempre la figura dell'eroe.

Per esempio che, se durante una gita in un bosco ci fossimo perduti, io l'avrei abbracciata e consolata, prima di trovare la strada giusta per tornare a casa. Dopo averla anche difesa dall'attacco di un branco di lupi.

No. I lupi meglio di no. Ci avrebbero sbranati tutti e due.

Piuttosto avrei dimostrato la mia abilità accendendo un fuoco sfregando due bastoncini, per scaldarci di notte, nella grotta in cui ci saremmo rifugiati per ripararci dalla pioggia.

Sì, una volta ci ho provato, mi sono venute le vesciche alle dita, ma nemmeno l'ombra di una qualsiasi scintillina sperduta, triste e capitata lì per caso.

O magari l'avrei difesa se fosse stata infastidita dai bulli di terza. Anche a costo di essere picchiato.

O salvata se fosse caduta in mare
dalla nostra nave investita
da una burrasca tremenda. Anche se
non avevo ancora pensato a cosa
ci facevamo su una nave in pieno oceano
con onde alte dieci metri.

Ma non importano i dettagli. Tanto lo so
che sono sogni a occhi aperti. Però
mi fa piacere pensare di comportarmi
in modo da colpirla, meravigliarla,
stupirla.

Comunque mi sono accorto di pensare
a lei al mattino appena sveglio,
sull'autobus che mi porta a scuola,
mentre faccio i compiti a casa e alla sera,
prima di andare a dormire.

E anche sabato, durante la partita
di calcio. Stava piovendo, ma c'era anche
il sole. Io ero in porta e stavo guardando
l'arcobaleno e pensavo a lei. Così, quando
è arrivato un lancio lungo e il difensore
mi ha urlato: «Tua!», io non mi sono

accorto di niente, il pallone mi è rimbalzato davanti, mi ha scavalcato ed è entrato in rete.

Uno a zero per gli altri. E urla del mister e dei miei compagni.

Ho spiegato poi nell'intervallo perché mi ero distratto. No, non ho parlato di Marvi. Figuriamoci. Ho solo detto che stavo guardando l'arcobaleno e quindi non avevo visto la palla. Il mister allora mi ha sostituito, dicendo che in campo aveva bisogno di portieri e non di poeti.

Alla fine però ero quasi contento. Ho fatto la doccia, mi sono cambiato, mi sono seduto in un angolo riparato delle tribune del campo sportivo e stavo benissimo lì, caldo e asciutto, a far finta di guardare la partita e a pensare a Marvi mentre la pioggia batteva sul tetto di lamiera.

Tanto la squadra stava perdendo cinque a zero perché il secondo portiere, anche se non guarda gli arcobaleni, è una vera schiappa e la prossima partita giocherò sicuramente di nuovo io.

Così al mattino, adesso, quando scendo dall'autobus e mi avvio verso la scuola, la cerco sempre e faccio in modo di avvicinarmi a lei. Anche se qualcuno ha cominciato a prendermi in giro. Ma non importa.

È una cosa strana. Diversa. Nuova.

Io ho un amico a cui voglio molto bene. Silvio. Mamma dice che ci conosciamo da sempre. È nato un giorno dopo di me. Il 25 gennaio invece del 24. Le nostre mamme erano già amiche ed erano nella stessa stanza in ospedale quando ci hanno partorito. Ci sono delle foto in cui giochiamo insieme quando abbiamo pochi mesi.

Silvio è stato mio compagno all'asilo e alla scuola primaria. Siamo nella stessa squadra di calcio da quando eravamo nei pulcini. Magari qualche volta litighiamo, ma sono contento quando sono con lui.

Con Marvi però è diverso. Completamente. Per esempio non ho mai pensato che mi sarebbe piaciuto salvare Silvio in un mare in burrasca. Certo non mi girerei dall'altra parte se capitasse, ma proprio non ho mai pensato una cosa del genere. Per Marvi sì.

E poi c'è un'altra cosa. Con Silvio ci siamo abbracciati un sacco di volte, ci siamo rotolati per terra insieme, facciamo sempre la doccia insieme, dopo gli allenamenti.

E mi fa uno strano effetto pensare invece di fare le stesse cose con Marvi. Non so nemmeno se ne avrei il coraggio.

C'è differenza. Molta differenza.

Ma allora è questo l'amore? Quello di cui parlano le canzoni, i telefilm, i libri e i giornali. Che si vede al cinema e in Tv.

Questo vuol dire essere innamorati?

Ho provato a guardare papà e mamma. Li ho osservati attentamente.

Non mi sono sembrati tanto innamorati, anche se vivono insieme da tanti anni. Almeno non come si vede in Tv o nei film. Non stanno lì a farsi bacino bacino, coccole e tenerezze tutti i momenti. Non li ho quasi mai visti nemmeno tenersi per mano.

Quando ci alziamo al mattino, prima c'è la discussione per andare in bagno. Anche se è colpa soprattutto di mamma e Alba, che là dentro, come dice papà, sembra «ci bivacchino».

Così lui comincia a dire di sbrigarsi ché deve farsi la doccia e radersi

perché non può andare in ufficio
come un barbone ed è già tardi
e se aspetta ancora a uscire di casa
trova traffico.

Mamma risponde che, se si fosse alzato dieci minuti prima, «invece di cincischiare per mezz'ora» dopo il suono della sveglia, a quest'ora sarebbe già arrivato al polo nord, altro che ufficio.

Poi c'è la colazione.

A casa nostra è un po' diversa da quelle che si vedono nelle pubblicità in Tv, tenerezze, biscottini, sorrisi, coccole e case perfette. Molto diversa. Papà e mamma la fanno in piedi. Insieme. Pigiandosi nella cucina stretta.

Papà brontola perché la macchinetta per l'espresso fa solo un caffè alla volta.

Mamma ribadisce che c'è l'aggeggio apposta per farne due. Basta usarlo.

Papà risponde che così non può regolare la densità del caffè come piace a lui. E che se questa storia va avanti, la colazione la farà al bar. E che a forza di discutere partirà da casa già stanco.

«Insomma,» mi sono chiesto «l'amore tra i miei genitori dov'è?». A me non sembra che in Tv, al cinema, gli innamorati si comportino come loro. Là si abbracciano, si dicono in mille salse "ti amo", si disperano, piangono, ridono, si baciano, si stringono.

Al massimo, invece, io ho visto papà abbracciare mamma improvvisamente, magari mentre la sta aiutando a sparecchiare. E lei gli dice di smetterla perché le sta facendo cadere il contenitore dei formaggi. Anche se, in queste occasioni, poi la vedo ridere contenta.

Lei invece qualche volta, quando lo vede di cattivo umore prima di cena, fa la pizza con le acciughe che a lui piace tanto. Anche se poi deve sopportare le lamentele di Alba perché lei la detesta. Mentre a me piace.

Magari papà e mamma ormai sono troppo vecchi per innamorarsi. O magari da grandi l'amore va via.

Scade, come il latte o le uova dopo un po' che sono in frigo. Però la zia Dina, che è più vecchia di mamma, l'anno scorso si è separata dallo zio Enrico che era antipatico anche a me, ed è andata a stare con un altro uomo perché, l'ho sentita io che lo spiegava alla mamma, «è l'uomo della mia vita, non ho mai amato nessuno come lui. Sono felice».

E poco dopo, un giorno li abbiamo visti al supermercato. Facevano la spesa mano nella mano e non si scollavano uno dall'altro. Come fa Alba con Stefano della III F, quando esce da scuola.

Insomma, non ci capisco niente. So solo che voglio vedere Marvi, fare delle cose che le piacciono, esserle simpatico, stare con lei, anche se poi non saprei nemmeno bene cosa dire. O cosa fare. E comunque non mi importa nemmeno se stiamo in silenzio guardando il mondo. Mi basta essere vicino a lei.

10
Marvi che sono io

Ci vuole qualcosa di speciale per essere candidati a principi. Per esempio Marco Aurelio non potrebbe mai. Cioè, io non lo sceglierei mai e come me ogni femmina che abbia un po' di cervello.

Tra l'altro in prima lo detestavo anche per via del doppio nome. Sì, un doppio nome come il mio da scrivere in ogni elenco che la maestra iniziava alla lavagna e noi dovevamo finire. Una gran fatica. Ma poi questa cosa è passata; lui però è rimasto sempre antipatico.

Marco Aurelio fa la spia. È disgustoso. Ma non se ne accorge?, dico io. Racconta alla maestra ogni cosa e si lamenta di tutto, sbuffa e si imbroncia e poi dice: «Ma no, è stato lui... Non sono stato io!». Anche le maestre a volte non lo ascoltano e lo invitano a crescere.

Mi chiedo... si dice così: "Fatti i fatti tuoi?". Mah. I grandi hanno parole diverse a volte. Comunque Marco Aurelio ha raccontato a tutti cosa ha letto sul diario di Carolina.

A dire il vero non credo abbia letto, non sa leggere bene e non è neppure dislessico. Ha visto una pagina intera di cuori disegnati e trafitti da frecce che sembravano rami schiantati a terra. «Mazze da baseball» ha detto lui, e tutti hanno riso. Carolina invece ha cominciato a piangere. A me è venuta la rabbia e la paura. La rabbia per una cosa così brutta da fare a una compagna, la paura che possa scoprire il mio diario "vocale". Però ha prevalso la rabbia.

Marco Aurelio merita una punizione. Non si spia tra le cose degli altri. E se lo si fa, almeno poi si sta zitti. Carolina ha appoggiato la testa sul banco e singhiozza nel silenzio assoluto.

La maestra Rossana cerca di consolarla raccontando che anche lei a dieci anni disegnava cuori e ogni tanto lo fa ancora.

– Non ci credete?

Si alza dalla sedia e con il gesso rosso disegna un grande cuore alla lavagna, cambia gesso e con il verde disegna una grande freccia, poi mette le iniziali: RS.

Vedo gli altri sorridere. Nessuno osa chiedere chi è S.

La maestra Rossana non è sposata, ma credo lo farà presto anche lei, come zia Paola.

Marco Aurelio ha la faccia imbronciata. Nessuno lo considera.

Poi la maestra dice: – Ognuno di voi disegni un cuore grande sul foglio del quaderno e scriva le iniziali del proprio amico o della propria amica più cari. Non c'è niente di più bello di sentirsi amati.

«Ah ecco! Che grande! Forte maestra.» Ma non lo dico. Carolina sembra aver smesso di lacrimare. Io prendo il quaderno e faccio il mio cuore grande e scrivo le lettere MVM.

Funziona. Tutti lo fanno con impegno. Marco Aurelio buca il foglio per cancellare. Vorrei sbirciare nei cuori degli altri per vedere le iniziali. Mi trattengo. Una vera principessa lo farebbe.

Magari giusto un'occhiata a quello di Giovanna per verificare se ha cambiato innamorato. In terza le piaceva Samuele. La S la vedo. Scommetto che nessuno ha messo le iniziali di Marco Aurelio.

Un principe non può nascere così. Un principe nasce con un po' di difetti ma tutti sopportabili. Per esempio uno che guarda un gatto mangiare una lucertola è un difetto sopportabile. Eh sì. Michele è diverso. È più grande. È molto più bello. Non fa il viziato. Bene bene non lo conosco, ma certe cose si sentono. Vorrei tanto che si laureasse a principe azzurro luminoso.

Però so che deve raggiungere i benedetti 900 punti. L'altro ieri

comunque gliene ho dati 100.
Be', trovare sul tabellone della pompa di benzina un *CIAO A DOPO*, scritto tutto per me... insomma è come aver ricevuto un regalo. E mi sono sentita molto amata. E ha ragione la maestra. Non c'è niente di più bello.

Zia Paola stamattina mi ha accompagnata a scuola. Voleva parlarmi. Mi è piaciuto molto, così ho anche potuto capire alcune cose sui principi che fanno follie.

Questo Fausto - il nome mi ha fatto un po' ridere perché la maestra è fissata con il significato dei nomi e ci fa sempre cercare sul dizionario (che fatica!), così ho scoperto che "fausto" significa "un buon evento", un uomo fortunato e felice - insomma questo Fausto lo ha incontrato tanti anni fa a un corso di aggiornamento.

Zia Paola è una prof di Italiano e Storia alle superiori.

Erano seduti vicini e lui le ha fatto un sorriso, di quelli che vogliono dire molte cose.

Non ho capito bene cosa voleva dire perché io quando sorrido voglio dire una cosa sola e cioè che sono contenta, però non l'ho interrotta con domande. Volevo che raccontasse e arrivasse al nocciolo della questione.

Perché Fausto è un principe?

Zia Paola guidava e parlava e io stavo attentissima. Allora questo Fausto sorridente le aveva chiesto di uscire insieme, però aveva chiarito che si stava separando dalla moglie. Zia Paola allora aveva detto che forse era meglio rimandare.

Per un anno si sono sentiti ogni tanto, con telefonate e qualche messaggio. Finché due mesi fa lui le ha detto che ora viveva solo e che l'invito a uscire non poteva più rimandarlo. Zia Paola ha accettato. Non sono andati a cena con violini o cose del genere. Sono andati a guardare il tramonto sul mare e lui aveva preparato due panini con pomodoro e formaggio, una bottiglia di vino bianco e due bicchieri di vetro.

Zia Paola ha detto che questa è stata la cosa migliore che potesse fare, una vera follia, perché ha capito cosa piaceva a lei. Ha cercato di conoscerla e poi ha studiato qualcosa che la rendesse contenta.

La cosa mi ha fatto pensare. Zia Paola sembra più bella. Quando gliel'ho detto ha risposto che era felice. La felicità rende più belli.

– Anche io sono più bella, zia?

Lei mi ha guardata. Un attimo solo perché stava guidando.

– Sì, siccome che hai un occhio a forma di stella, dico di sì.

– Un occhio solo?

Abbiamo riso e siamo arrivate troppo presto davanti alla scuola, ma troppo tardi per intercettare l'autobus della secondaria. Be', non si può avere sempre tutto. E poi ormai la mia sorpresa l'avevo preparata e ho anche registrato tutto sul mio diario speciale.

Ciao a me che sono Marvi.

Oggi sono andata alla pompa di benzina in bici. Ho una vecchia bici, quella di Valeria. Naturalmente va così che i secondogeniti ricevano le cose dei primogeniti: bici, pantaloni, magliette, zaino, cappotti... La maestra ha detto che siamo fortunati e che nel Medioevo i secondogeniti finivano in convento o in guerra. Be', la cosa mi ha fatto impressione.

Io sarei più portata per la guerra. Combatterei per prima cosa chi ha messo questa legge. Comunque alla pompa di benzina ci sono arrivata in quattro minuti senza sudare. Ho guardato mille volte la scritta e ho fatto una foto con la macchina digitale che hanno regalato a mia sorella per la cresima.

Io ho chiesto un Pc tutto per me. Ma devo aspettare due anni. La foto è venuta benissimo. Poi ho "cancellato" dal tabellone le lettere, una a una.

Mi veniva voglia di baciarle perché erano bellissime.

Michele le aveva sistemate. Tutto per me. Una follia. Ha capito che ne sarei stata felice e lo ha fatto. Mi pento di aver dato la regola del 100 punti massimo, perché questa valeva almeno 200.

Però cerchiamo di andare con calma e di essere onesti. Così sul tabellone ho composto:

137
CIAO

Poi ho legato un tovagliolo di carta, su cui avevo dipinto un cuore arancione, al paletto che sorregge il tabellone. Facile. Fantastico.

Chissà se capirà. Questo è meno facile. Ma non importa. Certo che non importa. Be', se capisse guadagnerebbe subito 1.000 punti e forse vorrebbe dire che è anche un mago. Un principe mago. E con 1.000 punti sarebbe pure un... re... non un principe. Mi piacciono di più i principi rispetto ai re.

Sono tornata a casa e, quando si è svegliato papà, la mamma ha chiesto a tutti se avevamo voglia di andare a fare una "tardi merenda" con il gelato.

Tardi merenda perché ormai erano le 18, ma qualche volta bisogna ignorare gli orologi.

Quando siamo passati davanti alla vecchia pompa di benzina papà ha borbottato: «È sceso il prezzo della benzina! Accidenti!»

La mamma ha detto che era strano perché quella pompa non funzionava più da quasi un anno. Nessuno ha detto altro. Io sul sedile posteriore ho ammirato il mio capolavoro.

Valeria neppure ha capito niente, sempre presa a guardare il cellulare e a scrivere messaggi. Io ho paura dei cellulari. Anzi ho terrore.

So che fra pochi anni potrò averne uno, ma ho pensato di dire agli amici che i miei genitori non vogliono, così non faccio la figura della tanto diversa.

Siccome che sono dislessica, come potrò scrivere messaggi senza fare milioni di errori? Detesto scrivere male.

Ma certo un cellulare sarebbe utile per telefonare a Michele e sentire la sua voce. Penserò domani a come risolvere il problema.

O forse ci sarà uno scienziato che inventerà un cellulare per i dislessici e per i disgrafici. Perché io mi sa che sono tutte e due le cose.

Be', domani Gustavo gusterò me lo dirà. Ma io lo so già. Certe cose si sentono.

Ciao, a presto.

Ciao a me che sono Maria Vittoria.

11
Michele

Non sono riuscito a incontrare Marvi la mattina dopo aver scritto sul tabellone del distributore.

Quando sono arrivato con l'autobus, lei non c'era. È arrivata pochi minuti dopo su un'auto con una signora. Quasi in ritardo. Io ero già in classe e guardavo la strada. Peccato!

Nell'intervallo poi non sono riuscito a scendere al piano di sotto, dove c'è la primaria. Per le scale mi ha fermato una prof per chiedermi dove stavo andando. Cavoli! A quell'ora sono tutti barricati in sala insegnanti a prendere il caffè. E l'unica fuori dovevo incontrarla proprio io?

Volevo sapere se Marvi aveva visto il mio messaggio. L'avrei capito sicuramente dagli occhi, dal sorriso, da un gesto. Invece mi sono tenuto i dubbi per tutta la mattina. Perché mi sarei aspettato una risposta. Una qualsiasi. Non so nemmeno quale.

Invece, quando sono passato davanti al tabellone per venire a scuola, al posto della mia scritta c'erano un numero e una parola:

137
CIAO

Ah, poi attaccato al palo che lo regge c'era un tovagliolo di carta con un cuore disegnato. Arancione. Almeno mi è parso. Non sono riuscito a capire bene, perché l'autobus andava veloce.

Non credo però sia stata lei. Chissà chi è stato. E cosa vuol dire.

Cavoli! Quel cartellone è rimasto lì per un anno e nessuno l'ha toccato. Mai! E adesso sembra l'abbiano scoperto in tanti. Be', mi spiacerebbe. E anche se fosse solo un'altra persona sarebbe lo stesso. Saremmo sempre in troppi.

Il problema è che Marvi e io non riusciamo a vederci se non di sfuggita. E il fatto che lei non abbia né un cellulare né un computer non facilita le cose. Però è dislessica e non sa leggere e magari nemmeno scrivere bene, e se può cerca di evitare Sms o email.

Be', però potremmo parlare.

Le ho telefonato qualche volta con il fisso, ma il telefono in casa nostra è nel soggiorno dove tutti vanno e vengono, il *cordless* è rotto da una vita, i miei non lo sostituiscono perché ormai tutti usano il cellulare e a me non va che mamma, Alba o papà sentano gli affari miei. L'ho chiamata un paio di volte a casa sua con il mio cellulare, così, per salutarla, ma dal telefonino al fisso costa una fucilata e io non ho i soldi per tante ricariche telefoniche.

E poi forse da lei è lo stesso che da me. Telefono in un luogo frequentato e poca voglia di farsi sentire dagli altri.

Anche perché poi ci ho pensato tanto, ma non so mai nemmeno bene di cosa parlare con lei. Di calcio no di sicuro. Di scuola forse. Di altro? E di cosa? Invidio Alba che passa ore e ore al telefono e sa sempre cosa dire.

D'altronde non saprei neanche cosa fare esattamente se mi trovassi da solo con lei. Di sicuro non l'abbraccerei e la bacerei come si vede alla Tv o nei film. Avrei paura di prendermi uno schiaffo. Anche se è più piccola di me e non mi farebbe tanto male. Però mi spiacerebbe.

Non so nemmeno a chi chiedere come comportarmi. Forse ad Alba. Lei dovrebbe sapere cosa fa piacere sentirsi dire a una ragazza.

No, no! Piuttosto di fare una cosa del genere sparecchierei la tavola e riempirei la lavastoviglie un anno di seguito. È un lavoro che la mamma fa fare a turno a me e mia sorella e non mi piace per niente.

Però ho anche letto su uno dei giornali che compra mamma e che anche Alba legge, una cosa da femmine piena di consigli per vestiti e scarpe, che non bisogna preoccuparsi. Perché al momento buono parole e gesti vengono spontanei se ami davvero la persona che è con te.

Sarà. Io ci spero. Il giornale rispondeva alla lettera di una ragazza di sedici anni. Più grande di Alba, quindi. E io invece di anni ne ho solo undici. Compiuti però. Sono di gennaio.

Comunque ho poi capito che Marvi aveva visto il tabellone quando sono riuscito a vederla all'uscita da scuola. È bastato guardarla negli occhi. Lei ha sorriso e fatto ciao con la mano.

Incredibile quante cose si possano dire con un sorriso e un gesto.

E allora ho avuto un'altra idea. Farmi vedere da lei un pomeriggio, mentre è a scuola. No. Non aspettandola davanti all'uscita. Troppo banale, e poi penso venga qualcuno a prenderla perché al pomeriggio l'autobus non c'è.

L'ispirazione mi è venuta durante la lezione di informatica. Quando ho pensato che la sedia su cui ero seduto magari l'aveva anche usata Marvi e forse conservava ancora il ricordo di lei. E soprattutto quando mi sono ricordato che la primaria e la secondaria hanno il laboratorio di informatica in comune.

Ci ho messo una settimana a organizzare tutto. La cosa più difficile è stato spiegarle cosa doveva fare. Scriverle una lettera no. Troppo complicato per lei leggerla e magari avrebbe capito male e fatto tutto all'incontrario.

Allora ho deciso di usare di nuovo la cassetta della segreteria telefonica. Mi sono scritto bene cosa avrei voluto dirle, ho aspettato di essere solo in casa, ho fatto il nostro numero con il cellulare, è partita la segreteria, ho aspettato il *beep* e ho parlato.

Ciao Marvi. So che il martedì pomeriggio alle tre hai lezione di informatica.

Allora, mentre sei al computer, vai su Google e digita webcam *più il nome della nostra città. Ti usciranno tre soluzioni.*

Clicca su piazza del Municipio. *Fallo alle 15.15 in punto e aspetta.*

Il problema è che ho dovuto togliere la cassetta dalla segreteria per darla a lei. Vabbe', tanto non la usa più nessuno. Basterà far finta di niente quando qualcuno in casa chiederà dove è finita.

E cosa avevo in mente? Molto semplice. Ho scoperto che nella mia città ci sono delle *webcam* in punti diversi. Per vedere cosa riprendono è sufficiente andare sul sito del Comune e cercarle.

Per la mia idea, quella che funziona meglio è in piazza del Municipio. Inquadra il monumento ai caduti. Un soldato seminudo che sta morendo ed è sorretto da una donna più nuda di lui. Chissà perché. Non credo che i soldati andassero in guerra svestiti.

Se una persona si mette davanti al monumento, è inquadrata dalla *webcam* che cambia l'immagine ogni cinque minuti. Lo so perché c'è scritto e ho anche controllato. Quindi se io sto fermo lì e Marvi, sul computer della scuola, va sul sito della webcam, mi potrà vedere da scuola.

Non ci sono problemi a farlo perché per andare all'allenamento di calcio il pulmino della squadra passa a prendermi proprio in piazza del Municipio, dove la mamma mi porta con l'auto. Le ho già detto che martedì devo partire mezz'ora prima perché il mister vuole parlarci.

A quella fermata del pulmino salgo solo io e a quell'ora del pomeriggio sulla piazza non c'è mai tanta gente.

Ho anche pensato di farmi vedere con un foglietto con scritto qualcosa. Non sarà nemmeno necessario stare lì come un salame dieci minuti a fissare la webcam.

Mi siederò sul gradino del monumento e ogni tanto alzerò il foglietto per farlo vedere qualche secondo.

Per ricordare di fare quello che
le avevo detto la mattina di martedì
ho usato ancora il cartello
del distributore. Ho scritto:

OGGI
15.15
MEMO

Geniale. Poi alle tre mi sono messo davanti alla webcam. Ogni tanto tiravo fuori il cartello. Sopra c'era scritto:

UN BACIO.

Grande. Con un pennarello rosso.
Sono stato lì fino alle tre e venti.
Mi stavo spostando perché il pulmino della squadra arriva alle tre e mezzo, quando ho visto i vigili.

UN BACIO
AS. SPORT

Due. Un uomo e una donna.

Stavano venendo verso di me.
Non c'erano dubbi. Sulla piazza c'ero soltanto io.

Ho fatto finta di non vederli
mentre il cuore si metteva a ballare.

Poi uno dei due, l'uomo, mi ha puntato l'indice contro e ha parlato:
– Ehi tu! Vieni un po' qui!

12
Marvi che sono io

Quando penso a Michele a me viene
una specie di latte caldo
dentro lo stomaco. Un latte tiepido
veramente, che non scotta e non fa male.

Mi sa che potrei sentire il latte bollire
e forse diventerà anche buon formaggio.
Adoro il parmigiano sulle tagliatelle.

Valeria invece mangia pochissimo
e due giorni fa mi ha detto: – Cicciona!

La mamma l'ha sentita e le ha fatto
segno con la mano come a volerle dare
uno scappellotto. Però si è fermata.

A me un po' è dispiaciuto.
Non del "cicciona". Ma del tono che ha

usato mia sorella. Proprio da cattiva, come se io non fossi sua sorella, ma un alieno mostruoso da umiliare e distruggere.

Poi la mamma ha detto che la prossima volta la mano colpirà l'obiettivo, dato che la sua lingua fa sempre movimenti sbagliati.

Mi ci è voluto un po' per capirla questa frase, ma non credo dipenda dalla dislessia. È proprio che mamma a volte fa ragionamenti molto difficili. Alla fine ho capito e ho riso.

Io sono un po' cicciona. Non mi dispiace affatto. Anzi. Zia Paola ha detto che quando crescerò tutto si metterà a posto. Secondo me sono a posto anche ora. Però...

Stamattina, dato che andiamo a teatro, non ho l'obbligo del grembiule.

Questa cosa davvero mi fa stare meglio. Ho indossato la gonna di jeans e le ballerine rosse e la felpa con la principessa Sissi che è pronta per il ballo. Ho anche lasciato sciolti i capelli che sono lunghi fino alle spalle e si arricciano un po' sulle punte.

Mamma dice che sono uno schianto e aggiunge che siamo in «ritardo spietato».

Valeria sale in auto pestando i tasti del cellulare, la testa bassa e una smorfia. Bah... è difficile capire cosa le stia succedendo.

Io prendo posto davanti. Mamma ha la guida da città. Cioè, punta gli occhi all'orologio che ha incastrato sul cruscotto e ogni due secondi ripete: – Dai, dai che siamo in ritardo spietato.

Passiamo davanti alla pompa di benzina che sono le 7.47. Mi incollo al finestrino e... vedo! Non riesco a leggere così in fretta.

– Mamma fermati!

Urlo fortissimo. Frenata rumorosa.
La cintura di sicurezza tira e mi sbilancio in avanti. Poi il caos. Mi ritrovo con la faccia premuta contro il finestrino.

La voce di mamma è quasi isterica.
– Maria Vittoria! Oh no... Maria Vittoria, come stai?

Mi metto dritta e cerco di rispondere.
– Bene... bene...

Suono di clacson. Di molti clacson.

Mamma scende dall'auto e urla qualcosa agli automobilisti che si sono fermati dietro di noi.

Non ho il coraggio di guardare.
Lo sportello si apre e le mani della mamma mi aiutano a uscire. Oddio, cos'ho combinato!

Siamo davanti alla vecchia pompa di benzina e mamma mi fa sedere proprio sullo scalino sopra il quale c'è il tabellone.

– Sei sicura, tesoro mio, di star bene?
E smettetela di suonare, sorpassate, no?

– Scusa mamma!

Sento la mia voce disperata. Valeria scende e mi viene vicino. Mi prende la mano.

– Ma cosa ti è successo?
Sembra anche lei preoccupata per me.

E come faccio a dirlo! Lungo la strada i pochi a piedi sul marciapiede di fronte si fermano a guardare. Molti sono studenti ancora assonnati che vanno verso la fermata dell'autobus.

Come faccio a dire che ho causato tutto questo trambusto solo per leggere il messaggio sul tabellone?!

– Dobbiamo andare al Pronto Soccorso. Per fortuna l'airbag non si è aperto. Posso guidare senza problemi.

– No! No... sto bene davvero. Ecco... mi ero spaventata perché dal finestrino era entrata un'ape!

La mamma mi guarda stupita. Mia sorella sogghigna.

– Un'ape? Ma ti ha punto? –. Mentre parla, mamma si mette a esaminarmi il collo e le braccia.

– No, non mi ha punto. Ho avuto solo paura che lo facesse. Mi è venuto da strillare. Scusa.

Non conto più neppure le bugie che sto dicendo. Mamma ha inserito le quattro frecce, ma la coda di auto che si è formata è lunghissima.

– Per favore, mamma... andiamo a scuola.

Non è sicura. Mi fa camminare un po' sul marciapiede per vedere come va.

Obbedisco in silenzio. Farei qualsiasi cosa per cancellare quell'urlo disumano che ho tirato fuori dalla gola.

Intanto sbircio verso il tabellone con il cuore che batte forte. Vedo numeri:

OGGI
15.15
MEMO

Ricorda oggi alle 15.15.

Mi viene da sorridere. Mi trattengo. Non c'è più il tovagliolo con il cuore arancio. Deve averlo preso lui.
Ha il mio cuore arancio.

Ma cosa deve accadere oggi alle 15.15? Io sono a scuola. Non può accadere nulla di eccitante e di così emozionante.

– Va bene, andiamo a scuola. Parlerò un attimo con la maestra. Se ti senti poco bene fammi chiamare e ti vengo a prendere.

Sono sollevata. Ho dimenticato anche di sentirmi in colpa. Ho una cosa da fare alle 15.15 di oggi e anche se non so cosa sia... sono felice.

Mi siedo sul sedile posteriore vicino a Valeria che guarda davanti e sembra pensierosa. Poi si avvicina al mio orecchio sinistro e soffia qualcosa che mi ferma per un attimo il respiro:
– Non c'erano finestrini aperti... come ha fatto a entrare un'ape?

Abbasso la testa. Sto zitta zitta. Anche lei non parla. La ringrazio col pensiero. Lei sorride e mi stringe la mano. Oggi è meno disgustosa. Anzi, sembra addirittura umana.

La mamma telefona al lavoro e avverte che arriverà con un po' di ritardo.

Parcheggiamo davanti alla scuola e sono le 8.17. La campanella è già suonata e l'autobus della secondaria è già ripartito.

La mamma mi accompagna in classe mentre Valeria corre verso la sua scuola che sta a cento metri dalla mia.

La maestra Rossana mi guarda incuriosita mentre mamma le racconta l'accaduto.

Mi metto al mio banco e Carolina mi sorride, ma io penso solamente al futuro prossimo. Alle 15.15.

È all'intervallo delle 10.20 che accade quello che non avrei mai pensato avvenisse.

Dobbiamo andare a teatro e per farlo dobbiamo prendere il pulmino. E allora ci mettiamo in fila e la maestra dice che è meglio usare l'uscita posteriore così siamo direttamente sul piazzale.

Scendiamo verso la scuola secondaria. L'orario di intervallo è lo stesso per tutti e molti ragazzi e ragazze sono fuori dalle aule. C'è confusione davanti alle porte dei bagni.

Io cammino vicino a Giovanna e cerco di non far vedere quanto sono emozionata. Nessuno di noi ha il grembiule. Siamo uguali a quelli della secondaria oggi. Benedetto il teatro e chi l'ha inventato e meravigliosa la maestra Rossana che ne è appassionata. Lo vedo.

Eccolo lì. Michele. Si stacca un po' dal gruppo dei compagni. Ci sono due ragazze che lo guardano camminare. Viene verso di noi. Non credo di riuscire a dire nulla. Mi preparo a un "ciao" e spero di riuscire a fare un sorriso decente. Ma lui mi stupisce. Ancora.

Lui è meraviglioso.

Ciao a me che sono Marvi.

Oggi sono successe cose stupende e cose terribili. Alla fine le cose terribili pesano di più di quelle stupende. Non è come con il gioco "pesa di più un chilo di ferro o un chilo di ovatta"? Che la risposta è semplice. Pesano uguali. Le cose terribili pesano cento volte più di quelle stupende.

Zia Paola dice sempre che la vita è un po' un percorso a ostacoli: se non hai il coraggio di saltarli, almeno devi saperli aggirare. Un po' come con la mia dislessia. Devo imparare a ingannarla, a farmi più furba di lei. E la zia dice che sono diventata molto brava in questo.

Comunque oggi mentre andavamo a teatro, Michele si è avvicinato e mi ha detto: «Ciao... ci vediamo dopo!», e subito mi ha messo in mano una piccola scatola di cartone, di colore blu con il coperchio, come quelle dove incartano gli orologi.

Io ho detto solo: «Ciao!». Niente altro perché eravamo in fila per prendere il pulmino e non potevo certo urlare un'altra volta: «Fermatevi... c'è un'ape!».

E poi c'era il calore della sua mano che aveva toccato la mia a togliermi ogni parola. Mi guardavo la mano e mi sembrava si fosse staccata dal braccio. Poi Stefano mi ha dato una spinta e l'incanto è sparito.

Però per fortuna nessuno si è accorto di Michele e della scatoletta.

A teatro ho chiesto di andare in bagno e ho guardato nella scatoletta. Una cassetta. Ho preso il registratore e ho ascoltato il messaggio. L'ho ascoltato tre volte e l'ho imparato a memoria.

Gustavo gusterò *dice che devo sviluppare la memoria. Questo è un modo per essere più furba della dislessia.*

Il messaggio era chiaro. Non ci ho messo tanto a impararlo. «Vai su Google e digita webcam *più il nome della nostra città... Clicca su* piazza del Municipio.»

Poi sono andata a sedermi sulla poltrona vicino a Carolina e dello spettacolo non ho capito nulla. Pensavo solo a cosa poteva accadere andando a vedere la piazza del Municipio alle 15.15. Pensavo anche e soprattutto che se uno si impegna così per te, vuol dire che ci tiene davvero.

E gli ho dato 100 punti per questo. Quindi Michele è a 237 punti e sta per passare al colore rosso.

Per fortuna la maestra non è del tipo "raccontate lo spettacolo mettendo in evidenza personaggi, luoghi e tempi" perché altrimenti avrei preso sicuramente insufficiente. Lei dice che certe cose si devono godere per quello che sono. Meditarle e magari parlarne.

Infatti ne hanno parlato. Lei e i miei compagni. Da loro ho capito che si trattava di una storia che voleva dimostrare come sia importante la diversità e che ognuno di noi è diverso e con la propria diversità si arricchisce il mondo.

Bah... per me era abbastanza chiaro, ma la maestra ha detto che tutti noi abbiamo paura della diversità degli altri ma... la nostra?

Questa cosa devo pensarla meglio. Cioè ci devo riflettere. Devo metterla in cose che conosco per capirla. Gustavo gusterò ha detto che questo è un altro modo di essere più furba della dislessia. Devo trasformare le parole. Le parole devono diventare cose e immagini che io posso riconoscere subito. Così sono a posto.

Comunque finalmente sono arrivate le 15. Andiamo al laboratorio di informatica una volta a settimana e abbiamo un lavoro da fare. Oggi dobbiamo terminare una tabella.

So bene come si fa e ho calcolato che ci avrei messo non più di cinque minuti. Potevo provare. Il collegamento a Internet è sempre attivo.

Così alle 15.10 precise ho cercato il sito della città e ho trovato la webcam di piazza del Municipio.

La maestra Gemma che ci accompagna al laboratorio di informatica a volte gira tra le postazioni. Altre volte deve firmare circolari e parlare con il preside. Altre ancora è stanca e si siede un po' vicino a qualcuno.

Infatti si era seduta vicino a Marco Aurelio per aiutarlo, così io stavo tranquilla.

Avevo aperto la pagina Word e fatto la tabella con "inserisci tabella" e dato il numero di colonne e di righe. Dovevo solo inserire il titolo, la data e il mio nome per registrare il lavoro. Ma non era un problema, così ho cliccato su una delle postazioni della webcam e, dopo qualche secondo di caricamento, è apparsa la piazza con il monumento ai caduti.

Avevo pensato che forse Michele fosse riuscito, a scapito della vita, a salire fin sopra la testa della statua del soldato e a mettere un lenzuolo con scritto il mio nome e magari un cuore vicino. Avevo immaginato anche che il mio candidato a principe luminoso potesse aver inciso sulla pietra del basamento della statua le nostre iniziali, come eterna promessa.

Alle 15.15 l'immagine era la stessa. Non avevo visto né sventolare lenzuola né lettere incise. Avevo consumato gli occhi per controllare e usato lo zoom fino a far diventare l'immagine grigia e irriconoscibile. Alle 15.37 avevo sentito la voce: «E così Maria Vittoria stai ignorando una regola che ci siamo dati!».

Non ero riuscita a chiudere l'immagine e tanto sarebbe stato inutile. Chissà da quanti minuti la maestra Gemma era dietro di me. E io non me ne ero accorta. Avevo sobbalzato e balbettato, ma sapevo benissimo che non avrei risolto il problema.

Ho chiesto scusa. Ho inventato la bugia che mi ero collegata a Internet per errore.

La regola era chiarissima. Ci si collega alla Rete solo in presenza della maestra o al limite chiedendo il permesso e spiegando cosa si vuol fare. E io non avevo fatto nessuna delle due cose.

«Volevo vedere questa statua così particolare...». Anche io sentivo la mia voce falsa.

E Marco Aurelio ha aggiunto: «Anche la scorsa settimana ha fatto il collegamento!».

Non era vero. Ma era inutile. Quindi sono in punizione. E non una punizione da poco. La prossima lezione di laboratorio non avrò una postazione tutta per me, ma la dovrò dividere con Marco Aurelio. Un supplizio.

Mi veniva da piangere. E ho tolto 100 punti a Michele. Subito, senza pensare. Mi aveva presa in giro? E come si permetteva? Avevo deciso di non pensarci per il momento. Piuttosto stavo pensando a come farmi commutare la pena. Io con Marco Aurelio proprio non ci volevo stare. E non voglio dividere nulla con lui.

Una notte di sogni orrendi mi aspetta.

Ciao a me che sono Maria Vittoria non felice.

13
Michele

I vigili sono arrivati. Cercavano
proprio me. Ed è cominciato subito
l'interrogatorio. Da parte della vigilessa.
Perfino gentile.

Prima domanda. – Cosa fai lì?

Risposta? Niente. Scena muta.
Mi sono venute in mente le scene
di certi film quando interrogano
un testimone: «Mi avvalgo della facoltà
di non rispondere».

Però non l'ho detto. Solo pensato.

D'altronde cosa avrei dovuto rispondere?
Spiegare di Marvi, della webcam
ecc... ecc... ecc...

No. Neanche per idea.

Quindi seconda domanda.
– Come ti chiami?

Be', potevo rispondere e l'ho fatto.
– Michele Dorsi.

A seguire la terza. – Perché stavi lì con un cartello in mano?

Ci ho pensato un attimo e poi ho risposto. Dicendo la verità. Una parte almeno.

– Non era un cartello, ma un foglio formato A4 *extrastrong*.

Allora è intervenuto il vigile maschio. Quarta domanda. Meno gentile.
– Fai il furbo? Fa' attenzione ché noi ti facciamo passare la voglia.

Ho taciuto. Mi sembrava inutile rispondere. Poi la seconda parte

della frase non era nemmeno
una domanda.

Allora è nuovamente intervenuta la vigilessa: – Dove abiti?

L'ho spiegato.

Mi hanno portato nel loro ufficio che è proprio sulla piazza e mi hanno fatto sedere mentre la vigilessa digitava su un computer.

Quando ha finito ha alzato la testa.
– Adesso telefoniamo ai tuoi. Se non rispondono a casa ci dai il numero del loro cellulare.

Il cellulare di mamma gliel'ho dato subito, tanto sarebbe stato inutile non farlo.

Mentre entravamo nell'ufficio avevo visto il pulmino della squadra passare, rallentare un attimo e poi ripartire.

Ovvio. L'autista non mi aveva visto, quindi non si è fermato. Però ha creato un ulteriore problema.

Per evitare che facciamo i furbi, il mister, se qualcuno è assente all'allenamento e non ha avvertito prima, fa una cosa semplicissima. Manda un Sms ai genitori. Per cui mamma nel prossimo quarto d'ora sarebbe stata comunque informata che io ero uscito di casa per andare all'allenamento, ma non ci ero mai arrivato. Meglio quindi evitare guai maggiori.

In quel momento però è successa una cosa strana. La donna si è messa a ridere.

– Dai, non hai fatto niente di male, ma sei minorenne e ti dobbiamo affidare a un adulto responsabile. Prima di telefonare a tua mamma però vieni di là un attimo. Ti offro qualcosa da bere e ti faccio vedere una cosa.

La vigilessa ha preso una lattina da un frigo, me l'ha data e poi mi ha accompagnato nella stanza accanto.

C'erano parecchi monitor sulla parete. Lei ha lavorato un po' su un computer, poi mi ha fatto cenno di guardare.

C'ero io con il foglio in mano. *Un bacio*. Si leggeva benissimo.

Poi ha spiegato: – Credo di aver capito. Volevi far vedere il cartello a qualcuno.

Ho fatto cenno di sì con la testa.

– Be', ti sei messo davanti alla *webcam* sbagliata. Quella è collegata al nostro ufficio e la controlliamo sempre per motivi di sicurezza.

Ho cominciato a capire mentre la verità emergeva in tutta la sua catastrofica evidenza.

Ho balbettato: – Ci sono due webcam?

– Sì. Una trasmette le immagini al sito del comune e l'altra a noi. Se esci te le faccio vedere.

Non ne ho avuto il tempo.

Il cellulare è suonato.

Inutile anche guardare chi era.

Mamma.

Pressione sul tasto verde.

– Dove sei?

La voce di mamma era arrabbiata a livello *tsunami*. Non ho saputo rispondere. E allora è intervenuta la vigilessa prendendomi il cellulare.

– Buongiorno, signora. Sono l'agente Blocchi della polizia municipale.

Suo figlio è qui con me. Stia tranquilla. Sta benissimo.

Anche se il cellulare ce l'aveva all'orecchio la vigilessa, ho sentito ugualmente l'urlo di mia mamma.

– Che ha fatto?

La risposta è stata gentile.
– Assolutamente nulla. Può andare via quando vuole, ma secondo il nostro regolamento deve venirlo a prendere un maggiorenne responsabile.

Stavolta non ho capito la risposta, ma non ce n'era bisogno. Infatti la vigilessa ha confermato: – Ha detto che viene subito.

Mamma è arrivata cinque minuti dopo. Credevo di aver toccato il fondo.

Mi sbagliavo. Con lei c'era Alba.

La vigilessa ha spiegato tutto sorridendo.

Io a quel punto avrei voluto sprofondare nella Fossa delle Marianne, sparire per sempre dalla faccia della terra, emigrare ai confini dell'universo, lontano quattordici miliardi di anni luce. Tutto pur di non essere lì.

La mamma poi è venuta verso di me. Non ha detto nulla. Aveva una faccia strana. Siamo usciti. Sulla piazza ha parlato: – Vuoi ancora andare all'allenamento o vuoi tornare a casa?

– Casa – ho sussurrato.

Poi ho guardato Alba. L'ho vista. Si stava preparando. Stava cominciando a prendermi in giro.

E allora il mio sguardo è diventato omicida. Non solo, ma devo averle trasmesso con il pensiero un concetto molto semplice: «Provati ad aprire bocca e io spiego per filo e per segno che due sabati fa eri a spasso al parco mano nella mano con quel cercopiteco della III F, quello con il ciuffo tenuto su da una tonnellata di gel. Ti ho anche visto che lo baciavi, mentre a casa avevi detto che saresti uscita a fare una passeggiata con le amiche».

Deve aver capito perché ha deglutito ed è stata zitta. Anche se forse l'ha fatto perché mamma le ha dato un piccolo calcio "tattico" alla caviglia. Per chiederle scusa immediatamente dopo.

– Non l'ho fatto apposta.

Ma io ho capito che l'aveva zittita prima che potesse aprire bocca.

In auto, però, è stato un disastro. Nessuno fiatava. Un silenzio imbarazzante.

E oltretutto, vedevo benissimo che ad Alba stava scappando da ridere. E che anche la mamma evitava di guardarla, per non mettersi a ridere anche lei.

E allora ho parlato io: – Sono stato stupido. Ho sbagliato *webcam*. Ma non ho fatto niente di male. Solo volevo far vedere il foglio a una mia amica. Punto. E adesso ridete pure.

E allora la mamma, nonostante stesse guidando nel traffico, ha allungato un braccio e mi ha toccato. Voleva accarezzarmi ma ovviamente non poteva riuscirci, visto che ero sul sedile posteriore.

– Non importa. È vero. Non hai fatto nulla di male, anzi quello che avevi in mente è una cosa bellissima. E la ragazza che riceve un regalo così è fortunata.

E anche Alba mi ha stupito.
Si è girata e mi ha preso per mano:
– Vorrei anche io che qualcuno facesse una cosa simile per me.

E mentre lo diceva non solo non si è messa a sghignazzare, ma sembrava perfino triste. Poi però si è messa a parlare con mamma delle scarpe che doveva comprare.

Sembrava tutto a posto, ma io avevo ancora un tarlo che mi rodeva. E che anche quando sono andato a letto non mi lasciava dormire.

E Marvi cosa avrà fatto quando non mi ha visto sul computer? E cosa penserà adesso?

Avrei dovuto spiegarle tutto il più in fretta possibile.

14
Marvi che sono io

Zia Paola è venuta a casa a trovarci e ha portato i pasticcini che mi piacciono di più, quelli con la granella ripieni di cioccolato. Non ne ho mangiato neppure uno.

La zia mi ha sorriso e ha detto:
– Capisco.

Beata lei. Io non capisco nulla. Mi sento strana. La notte è stata tranquilla. Ho dormito e ho sognato di stare su una nave in un mare in tempesta. Michele era caduto in acqua e io avevo il salvagente in mano, ma l'ho poggiato a terra e l'ho usato come cuscino per dormire.

– Andiamo insieme a vedere i vestiti da sposa?

Ecco, una cosa così, sono certa, due giorni fa mi avrebbe fatto saltare di gioia. Ora, a dire il vero, non ne ho voglia. Mamma mi guarda con la faccia preoccupata.

– Non stai bene, Maria Vittoria?

Non rispondo. Scuoto la testa e vado in camera. Mi siedo sul letto e mi sdraio. Siccome che sono dislessica, ho sviluppato una sensibilità maggiore. Così dice *Gustavo gusterò*. Sento le cose. Le sento dentro.

Ora sento che Michele era un falso principe. Come gli orecchini di Valeria che sembrano d'oro ma non lo sono affatto. Be', io non voglio qualcuno che sembra ciò che non è. E vado sì con zia Paola. Di sicuro dopo la scelta del vestito andiamo a chiacchierare

in un caffè di quelli con i camerieri
che ti portano i bignè su piatti decorati
da schizzi di cioccolato vero
e da scorzette di agrumi canditi.
Una meraviglia.

Io sono Maria Vittoria che non ha paura
dei falsi amici e dei falsi principi.
– Aspetta zia... vengo con te!

Usciamo insieme e mi sento più
tranquilla. Non chiede nulla. Io
veramente avrei un po' voglia
di raccontarle, ma evidentemente lei
ha altro a cui pensare. Zia Paola è sempre
elegante. Mi piace con i suoi tacchi alti
e la gonna stretta.

È ottobre, ed è autunno. Le foglie
si sono colorate. Sono bellissime.
Passiamo davanti alla pompa di benzina.
Chiedo alla zia di fermarsi un attimo.
Lo chiedo con la voce normale.
Lei non dice nulla.

Scendo e vado al tabellone. Tolgo le lettere e metto tutti gli zero che posso:

0000
0000
0000
0000

Sedici zero ai falsi principi. Mi aggiusto i jeans e salgo sulla macchina grigia. Lei riparte e sorride.

– C'è anche Fausto al negozio?

– Oh no. Si annoierebbe. A dirti la verità, non mi piacerebbe affatto. Preferisco scegliere il vestito insieme a te.

– Lo devi scegliere con il pizzo. Ti sta bene, zia.

– Ah ah ah... davvero? Bene. Proverò solo abiti con il pizzo.

– Fausto è il tuo principe?

– Credo proprio di sì.

– Ci sono in giro molti principi non veri.

– Mmm... Sì, hai ragione.

– Bene.

– Come bene?

– Siccome che uno lo sa, può stare meglio e imparare a riconoscerli.

– Ah ah ah. Maria Vittoria, sei uguale a tua zia. Fausto mi dice sempre che a volte ha paura che lo azzanni per capire se è fatto di carne di prima qualità!

– Perché?

– Ah per via dell'oro... sai come facevano un tempo a capire se una moneta era d'oro puro? La mettevano sotto i denti. Se la moneta non si modificava era vera, altrimenti... sparavano a chi gliel'aveva data.

– Che meraviglia! A me piacerebbe molto mordere Michele e sono certa rimarrebbe l'impronta dei miei denti nella sua carne. Lui non è un vero principe!

– Non sempre è così, Maria Vittoria. Bisogna anche mettere nel conto che ci si può sbagliare, non abbiamo il controllo su tutto. Un po' di rischio non guasta.

– Ma tu... non hai rischiato.

– E chi lo dice? Io credo solo che i principi, più che parlare, agiscono. Se una persona tiene a te non si limita alle parole.

Ci penso tutto il pomeriggio a questa cosa, ci penso mentre zia

misura abiti con il pizzo e con il velo
e mi pare più di una principessa.
Torniamo a casa che è già buio e papà
si è svegliato da poco e Valeria
è da una sua amica.

La mamma, per recuperare il ritardo
del mattino precedente, era dovuta
rimanere in ufficio un'ora in più
e la cena l'aveva preparata papà.

Papà è bravissimo a leggere,
a fare le voci e, dice la mamma, anche
a stirare, ma con la cucina è terribile.

Dopo aver mangiato qualcosa
di bruciato che somigliava
a un hamburger, avevo deciso che
la mia vita doveva farsi coraggiosa.
Non potevo lasciare che l'idea
di un principe la consumasse tutta.

Michele poteva andare a farsi friggere.
Altra bellissima frase rubata
a zia Paola.

Ciao a me che sono Maria Vittoria.

Devo parlare sottovoce perché altrimenti la mamma potrebbe venire a vedere se sono diventata tutta matta. Le ho detto che dovevo ripetere la lezione di storia, ma non si sa mai con gli adulti. Prima ti dicono che non ci si deve mai innamorare di qualcuno che non è innamorato di te, poi ti mettono il dubbio che bisogna rischiare. Ti confondono, insomma.

Fino a poco fa questa giornata sembrava sprecata. Inutile. Tranne per gli abiti da sposa e per la cioccolata con panna che ho mangiato insieme a zia Paola in un bistrot, che è un nome francese per dire "caffè". Ma insomma... avevo un po' di tristezza ed ero arrabbiata perché proprio non volevo la tristezza.

Poi il fatto. Valeria che arriva in camera mia con il cordless in mano bofonchiando con poca pazienza: «È per te... Sbrigati che mi serve!».

Dico «pronto» e sento «ciao». Sento centinaia di migliaia di cuori in battito che fanno rumore. Dico «niente» e sento «sono Michele». Dico «oddio»... anzi non lo dico.

Penso a poco e niente. Dico «ah!» con il punto esclamativo. Sento sette parole tutte insieme e mi confondo. «Ho sbagliato webcam e ho fatto un disastro, scusa. A me piace osservare gli animali.»

Capisco sì e no quattro parole. Ma sono convinta che anche le altre tre siano meravigliose. Mi ha telefonato. Questo non l'ha detto ma l'ha fatto. I principi veri debbono fare più che dire. Quindi ho restituito i 100 punti. Gliene ho dati altri 100 velocemente. Più un bonus di 70.

Ora Michele è a 407. È passato
al colore verde saltando il rosso.
E sono certa che il suo è un rosso
così luminoso che può stordirti.
E un verde più verde dello smeraldo.

Stanotte dormo di sicuro. Oggi è il 12 ottobre e sono le 21.43 di una giornata... libera... certo... arancio rosso verde... ma Marvi sei un genio: il semaforo!

Semaforo verde: via libera! Mi dico brava da sola. E certo! Me lo stramerito. A volte sento cose sbagliate, ma sono lo stesso un genio.

Sono riuscita a rispondere a Michele... Gli ho detto: «Sì, anche a me piace osservare gli animali». Ed è vero. Magari non mentre si mangiano tra loro. Ma questi sono dettagli e un po' di rischio è consentito.

Così ho chiesto a Valeria se mi accompagnava alla pompa di benzina. Lei ha sgranato gli occhi e ha detto: «Cosa?». Ma io ho insistito e le ho raccontato tutto. Non proprio tutto ma quasi. Lei ha riso tanto, però poi ha detto alla mamma che andavamo in garage a cercare un vecchio libro.

Per arrivare alla pompa di benzina basta attraversare la strada. Ci abbiamo messo quattro minuti perché abbiamo anche saltato gli scalini due a due. Ho attaccato il tovagliolo di carta verde dove ho incollato un cuore rosso ritagliato da una carta luccicante. Poi ho visto quelle lettere in disordine:

SCUS
ASCU
SASC
USA

Scusa *ripetuto tre volte.* Scusa, scusa, scusa. *Michele quindi era stato lì per scrivere che dovevo perdonarlo.*

Avrei voluto ballare.
Certo che ti perdono. *Troppo lungo da scrivere, così ho scritto:*

407
MV
M

Un'auto ha rallentato e mia sorella
ha detto: «Sbrigati altrimenti ci arrestano».
A me è venuta paura. Siamo risalite in casa.

In tutto siamo state fuori nove minuti.
Potrebbe essere un record. Ora che ho detto
tutto e che ho rischiato anche io,
dormo e dormo bene, e se sogno
Michele che annega in mare gli lancio
il salvagente e quasi quasi mi butto anche io,
così ci salviamo insieme.

Ciao a me che sono Marvi geniale.

15
Michele

Papà e mamma non vogliono che si guardi la Tv mentre si cena. Dicono che è incomprensibile che si sprechi l'unico momento della giornata in cui si può stare tutti insieme.

E, anche se a volte non ho voglia di tenere la televisione spenta, devo dire che a cena, di solito, ridiamo e scherziamo.

Di solito. Non l'altra sera. A tavola infatti c'era silenzio. Ma un silenzio che non mi piaceva. Perché c'era un argomento di cui tutti, meno io, avrebbero voluto parlare e nessuno affrontava.

IL DISASTRO DELLE WEBCAM.

Tutto maiuscolo. Si sentiva nell'aria. Si capiva, dalla conversazione che non andava avanti, dai silenzi, dalle risatine che Alba soffocava nel piatto, da papà e mamma che ogni tanto mi guardavano e sorridevano. Da tutto insomma. E a me dava fastidio.

Ma come avevo fatto a confondere le *webcam*? Avevo controllato velocemente quando eravamo usciti dall'ufficio dei vigili. Erano veramente ben distanti!

E così mi sentivo stupido, sciocco, babbeo. Tutto insieme. Ed ero sicuro che, se ci avessi messo un po' di impegno, avrei trovato qualche altro milione di aggettivi per definirmi.

E stavo male per il comportamento di papà, mamma e Alba. Perché a quel punto avrei quasi preferito

che mi sgridassero o mi prendessero in giro apertamente. Così mi sarei messo a litigare, a urlare e alla fine mi sarei sfogato, sarei stato meglio e avrei avuto qualcuno con cui prendermela.
Qualcun altro, voglio dire.

Perché adesso ero arrabbiato solo con me stesso.

In più non avevo avuto il coraggio di telefonare a Marvi. Proprio no.
Per paura di quello che avrebbe potuto dirmi. O peggio, che dichiarasse che non voleva più vedermi né parlarmi.
Che dicesse di non volermi più vedere.

Il giorno dopo a scuola è stato anche peggio. Marvi l'ho vista da lontano.
Di solito guarda verso il mio autobus.
Anche quella mattina l'ha fatto.
Stavo per avvicinarmi e dirle qualcosa e ho alzato la mano per farle un cenno.
Non ho finito il movimento.

Perché lei non ha nemmeno girato
la testa per non vedermi. Semplicemente
ha continuato a guardare nella mia
direzione senza mostrare di avermi visto.
Come se fossi una lastra di vetro.
O non esistessi proprio.

Nel pomeriggio ho preso coraggio
e le ho telefonato.

Niente. Nessuno in casa.

Allora ho pensato di usare il tabellone
del distributore. Ho preso la bici,
di nascosto perché piovigginava
e mamma non vuole che la usi
se non c'è bel tempo, e sono andato là.
Pensando che magari avrei incontrato
anche lei e avrei potuto parlarle.

Non l'ho vista. E sul tabellone c'erano
solo zeri. Sedici.

0000
0000

OOOO
OOOO

E il fazzoletto di carta con il cuore arancione che avevo visto appeso alla sbarra era per terra, bagnato perché stava piovendo, calpestato e schiacciato.

E non so perché questa cosa mi ha fatto venire una tristezza infinita. Come se fosse una cosa che mi riguardasse in qualche modo.

Comunque ho scritto quello che avevo in mente.

SCUS
ASCU
SASC
USA

A casa, dopo essermi cambiato i vestiti, ho riprovato a telefonare a Marvi. Stavolta ha risposto una ragazza. Sua sorella, penso. Me l'ha passata.

Non ricordo quello che ho detto. Mi ero preparato un bellissimo discorso, l'avevo scritto sul computer per ricordarlo meglio, studiato quasi a memoria per non correre il rischio di impappinarmi o, peggio ancora, tacere. E nel momento stesso in cui lei ha risposto, il mio cervello si è spento. È diventato di colpo una pagina scritta su cui qualcuno aveva passato un pennarello nerissimo su tutte le parole.

So di aver balbettato qualcosa del tipo: «Sbagliato. *Webcam*. Scusa».

Poi basta. Anzi no... altre parole che non ricordo. Farfugliate.

Lei ha risposto con sillabe. E quando ho sentito il suo silenzio, ho riattaccato. Se voleva dirmi qualcosa di spiacevole meglio non sentire. Così poi stavo peggio di prima perché lei non aveva detto quasi nulla e io non avevo saputo spiegare. Ho pensato allora di usare la solita cassetta della segreteria telefonica. Così il discorso che mi ero preparato avrei potuto leggerlo. Poi mi sono ricordato che la cassetta non c'era più. L'avevo data a lei e non me l'aveva più restituita. E non sarebbe stato semplice comprarne un'altra.

Stavo pensando, dislessia o no, di scriverle una lettera, quando papà ha bussato alla porta della mia stanza.

«Dai, sto andando dallo zio Giorgio a prendere dei documenti. Vieni con me? Al ritorno prendiamo la pizza per tutti.»

Ho detto sì. Tanto in casa non ci facevo niente. Zio Giorgio è simpatico e poi, per andare da lui, si passa davanti a casa di Marvi. Era buio, non pensavo di vederla.

E invece...

Marvi!

Al distributore.

Non era sola. Con lei c'era una ragazza.
Sicuramente sua sorella.

Ho chiesto a papà con la voce
più normale che avevo se poteva
rallentare un attimo perché mi era parso
di vedere qualcuno che conoscevo,
ma non sono riuscito a distinguere altro.

Però mi sono sentito più tranquillo.
Se era lì, aveva sicuramente visto
le mie scuse.

16
Io che sono Maria Vittoria

Siccome che stanotte ho avuto
mal di pancia, oggi non vado a scuola.
Ho insistito tanto con la mamma
e lei era stupita e incredula.

– Ma che dici? Per oggi rimani a casa.
Chiamo la signora Miriam.

– A parte che posso stare da sola,
adesso sto bene e voglio andare a scuola.

Valeria si ferma un attimo a guardarmi
e scuote la testa. Poi riprende con la fase
zig zag. Ogni mattina è una tortura.

Fa avanti e indietro dal bagno
alla sua camera, cambiando maglietta

o felpa e truccandosi. Il trucco varia a seconda del vestito e quindi è veramente una fortuna quando riesci a trovare il bagno libero e ti puoi chiudere dentro sorridendo alle sue lamentele e soprattutto ignorandole. Tanto non si può alzare la voce. Papà dorme e c'è il divieto assoluto di fare rumori inutili.

Se non vado a scuola, non lo vedo. Non vedo Michele. Non ho neppure una sua foto. Ma se lui non mi vede forse si preoccupa e telefona di nuovo. Sarebbe bellissimo. Ascoltare di nuovo la sua voce attraverso il telefono e sentire anche il respiro e come cerca le parole. Davvero bellissimo.

Così alla fine cedo. Rimango a casa. Guardo la mamma e Valeria uscire.

La signora Miriam, che abita nel palazzo di fronte, ha detto che arriverà alle 9.30. Mamma le ha lasciato un biglietto con il cellulare del medico casomai mi sentissi poco bene e con il suo numero diretto dell'ufficio scritto in rosso.

Guardo l'orologio. Sono le 8.07. Fra due minuti l'autobus della secondaria arriva e lui scende e si guarda intorno. Io non ci sono.

Gli farà male la mia assenza?

Zia Paola dice che spesso apprezziamo cose e persone solo quando ci vengono a mancare. Forse allora Michele mi apprezzerà di più.

Mi viene un'idea. Ho un'ora abbondante di libertà. Un'ora e ventinove minuti. Posso farcela. È rischioso, ma zia Paola ha detto che bisogna metterlo nel prezzo dell'amore.

Mi vesto con la tuta rosa e preparo lo zaino. In camera di mia sorella trovo quello che mi serve e spero che non lo scopra mai. In fondo lei butta via le cose che non le piacciono, solo che invece di usare il bidone dell'immondizia utilizza la cassapanca dove ha anche messo i giochi che non usa più, ma che non ha mai voluto darmi.

Ecco sono pronta. Papà dorme. Sfilo la chiave dalla serratura ed esco.

Ciao a me che sono Marvi.

Che dire di questa giornata? Be', adesso la racconto e poi mi verrà un'idea per definirla. Un'idea viene sempre. Anche la maestra Rossana lo dice e lei non mente. Quando dobbiamo fare un testo è vietato dire... non ho idee, a meno che non si voglia che qualcuno sospetti che non abbiamo cervello. Se hai cervello, le idee ci sono.

Vanno cercate con pazienza e senza fretta. Giovanna ha spesso belle idee e non sembrerebbe neppure una con il cervello. Ah ah ah. Se mi sentisse mi ucciderebbe.

Ma questo è il mio diario segreto e posso dire quello che voglio. Un diario segreto è un luogo di libertà. Quando lo riascolto a volte mi stupisco delle cose che ho detto. Davvero. Forse perché in questi momenti mi sento libera e spesso non lo sono.

Non si può dire per esempio a Carolina che le treccine non le stanno granché bene perché escono fuori tutte le sue orecchie. E non perché ne abbia più di due. Ma perché sono grandi. Molto grandi. Si offenderebbe. Anche se non vorrei mai offenderla. Io le voglio bene.

Così a volte è meglio certe cose tenersele per sé e raccontarle solo nei diari che rimangono segreti. Chissà se mia sorella ne ha mai scritto uno.

No! Valeria non è il tipo. Lei somiglia più a un triceratopo in cerca di far fuori qualcuno per evolversi.

Comunque a me le idee vengono. Anche troppe. A volte si accavallano. Una sopra l'altra come formaggio e prosciutto nel panino.

Stamattina sono stata allo stadio dove fa gli allenamenti la squadra di Michele. Ho preso l'autobus e ho usato l'abbonamento di mia sorella. Avevo i minuti contati perché alle 9.30 sarebbe arrivata la signora Miriam.

Non era la prima volta che andavo da sola in autobus. Lo avevo già fatto due volte per raggiungere mamma in ufficio, che si trova in centro, proprio davanti a un giardino con una fontana dove una ragazza di pietra sorride ai piccioni.

Quindi, questa era la terza volta. Ho fatto attenzione alle fermate

e in via dei Giardini sono scesa. Lo stadio è
proprio a pochi metri. Forse cento.
Il cancello era chiuso. Ma non importava.

Per quello che volevo fare io non c'era bisogno di entrare. A quell'ora non c'era nessuno. Così ho tirato fuori dallo zaino la vecchia T-shirt di mia sorella che ha un cuore enorme stampato davanti
e ho scritto MV M PARCO 16
con il pennarello nero.

Un principe deve essere intuitivo, altrimenti non è di razza. Ho legato la T-shirt alla rete con le mollette da bucato. Sono passati due signori che correvano con calzoncini e felpa e hanno dato un'occhiata e sorriso appena. Non hanno detto una parola, forse risparmiavano il fiato per la corsa.

Poi sono tornata ad aspettare l'autobus e alle 9.15 ero di nuovo a casa.

Missione compiuta. Prima parte.

MV M
PARCO
16

La signora Miriam è arrivata con dieci minuti di ritardo. Potevo prendermela più comoda.

La signora Miriam ha cinquantaquattro anni e tre figli grandi che vivono in giro per il mondo. Ha un marito che fa il vigile del fuoco e a volte è venuto a liberare il papà che avevamo chiuso dentro casa.

Succede così. Mamma in ritardo perenne spietato al mattino esce portandosi via le chiavi. Non si sa come, ma le porta via tutte. Riesce a mettere in borsa le doppie chiavi e il mazzo di papà senza accorgersene e poi usciamo e chiude la porta a doppia mandata. A volte papà neppure si accorge perché dorme fino al pomeriggio. Altre volte invece, se deve fare qualcosa di urgente, si sveglia e si trova chiuso in casa. Invece di telefonare alla mamma papà chiama Luigi, il marito della signora Miriam, che viene con la scala a liberarlo.

Penso che la mia famiglia sia un po' strana, ma poi dico: «No! Forse sono strani gli altri». Papà non si arrabbia molto e ormai ha smesso anche di fare duplicati delle chiavi da nascondere per casa, tanto mamma, non si sa come, li ritrova tutti e li mette in borsa.

Comunque con la signora Miriam abbiamo fatto una torta di mele. Io ho sbucciato e affettato le mele e poi, mentre la torta cuoceva in forno, mi ha parlato dei principi. Così come se fosse un argomento di cui avevamo sempre parlato. Invece io di principi parlo solo con zia Paola.

Però un altro punto di vista mi interessava.

La signora Miriam mi ha detto che i principi hanno una cosa particolare che li distingue, anche se spesso la nascondono per non essere subito riconosciuti.

Bellissimo. Ero attentissima.

«Perché non vogliono essere riconosciuti?»

«Be', facile.»

«Non tanto.»

«Dai che hai capito.»

«Forse perché se fossero facili da riconoscere avrebbero tante pretendenti?»

«Ah ah ah! Anche se la cosa è leggermente diversa, ci sei vicina.»

«E cos'è che tengono nascosto?»

«Io la chiamo... la medicina.»

«Cosa? La medicina?»

«Eh sì. Hanno una medicina sempre pronta.»

«Ma... anche se uno non sta male?»

«Ah... la medicina è la cura per te, solo per te. Hanno cura di te.»

«Accidenti...»

«Eh sì. Accidenti davvero.»

Poi il timer ha suonato e la torta
era "abbronzata" al punto giusto
e la signora Miriam l'ha messa sul piatto
a raffreddare e poi ha telefonato la mamma
per sapere come stavo e il discorso
sulla medicina del principe non è più
stato possibile finirlo.

Ma a me è rimasta la parola. Medicina. E un'altra parola. Cura.

Un principe ti cura anche se non hai mal di pancia o febbre. Allora cosa cura? Ecco un bel problema su cui ragionare e farsi venire delle idee.

Comunque dopo pranzo si è svegliato papà e la signora Miriam è tornata a casa.

È scattata allora la seconda parte della missione. Trovarmi al parco per le 16. Naturalmente sola.

È stato questo il difficile.

Papà mi avrebbe accompagnata volentieri, ma poi sarebbe rimasto con me. E non era possibile. Dovevo vedere Michele da sola. Allora...

– Maria Vittoria, cosa fai ancora alzata? Sono le 11...

– Sì??? Non mi ero accorta. Scusa mamma.

– Stai registrando qualcosa?

– Ripetevo la lezione di scienze.

– Ah brava. Però adesso dormi. Ok?

– Certo... notte.

– Buonanotte... e non far finta di darmi ascolto per poi continuare quello che stavi facendo.

– No, mamma. Certo che no.

Le mamme sono incredibili.
Ti leggono nel pensiero.

Continuerò domani a raccontare. Intanto mi è venuta in mente la definizione da dare alla giornata di oggi. Istruttiva.

Mi viene da ridere.

Mi chiudo tra le coperte e mi distendo. Sono contenta. Michele ha 100 punti in più. 507 punti. Il livello a principe azzurro splendente si avvicina.

Notte mondo e ciao a me che sono Maria Vittoria.

17
Michele

Scendo per andare a scuola il mattino
dopo aver visto Marvi al distributore
di benzina e guardo immediatamente
il tabellone. Le mie scuse non ci sono più.
Al loro posto:

407
MV
M

E appeso al solito palo un tovagliolo
con un cuore rosso luccicante.

Mi viene il nervoso. Mi piacerebbe
sapere chi è che gioca con il tabellone.
Perché ormai lo considero mio
e mi dà fastidio che gli altri lo usino.

E meno male che Marvi ieri sera è passata di lì. Così le mie scuse deve averle viste. Almeno spero. Anche se le avevo già parlato.

In ogni modo ho già deciso cosa fare. Appena scendo dall'autobus la cerco e le spiego per bene tutta la faccenda delle webcam.

A scuola però Marvi non c'è.

Penso di telefonarle per chiederle se non sta bene, ma rinuncio subito. Impossibile avere un po' di privacy a scuola. Decido che la chiamerò nel pomeriggio, mentre aspetto il pulmino della squadra in piazza del Municipio. Lì sarò da solo, senza nessuno che possa ascoltare.

Non ce la faccio perché la mamma mi porta in ritardo e mi stanno già aspettando.

Quando arrivo al campo di allenamento vedo all'ingresso un gruppo di persone che ride e indica qualcosa. Mi avvicino.

Una maglietta con un cuore rosso.
Con delle scritte:

MV M PARCO 16

Non mi viene da ridere come gli altri.
Anzi, mi sento dentro qualcosa di strano, una sensazione indefinibile che mi colpisce a fondo. Come se quella maglietta, le scritte, potessero in qualche modo riguardarmi.

Negli spogliatoi apro la borsa per cercare le cose che mi servono per entrare in campo e l'occhio mi cade su una grossa M che ho disegnato sopra con un pennarello per riconoscerla immediatamente in mezzo agli altri.

M. Come Michele.

MV. Come Maria Vittoria.

Marvi!

Qualcuno in quell'istante preme
un interruttore nel mio cervello,
scatenando una tempesta di domande.

Che la maglietta sia per me?
Da parte di Marvi? Che mi chiede
di andare al parco alle 16?

Occavoli!

Ma allora anche il messaggio
sul tabellone del distributore,
con le stesse lettere e il numero 407,
era di Marvi! Per me! E magari anche
tutti gli altri messaggi. Anche se
non capisco cosa vogliono dire i numeri
sempre diversi.

Decido che devo andare al parco.
Guardo l'ora. Le 14.45. L'allenamento
comincia alle 15 e ne abbiamo

per un'ora e mezzo, minimo. Se voglio essere là per tempo devo andare via subito.

In un attimo decido di saltare l'allenamento. Alle domande che mi girano in testa non so rispondere. E magari le risposte sono tre sonori "no". Ma non voglio correre rischi.

Vado dal mister, invento che non sto bene, chiedo se posso farmi portare a casa dal pulmino che, dopo aver portato noi, sta tornando in città a prendere un'altra squadra, e alle 16 in punto sono all'ingresso del parco.

È un posto che conosco bene. La mamma e la nonna mi portavano lì a giocare quando ero piccolo.

Mi accorgo immediatamente che le risposte sono tre bellissimi "sì".

Marvi.

C'è anche lei. All'ingresso. Vicino a una vasca dove una volta c'erano i pesci rossi e adesso è vuota, da quando un bambino ci è cascato dentro rischiando di annegare.

Caldo, freddo, cuore che balla l'hip hop e nodo allo stomaco che mi taglia perfino il respiro.

La stessa sensazione di quando stanno per batterti contro un calcio di rigore. Che però è una cosa che dura un attimo e poi tutto in qualche modo finisce.

Qui no. Qui è diverso. Non finisce in pochi secondi. Devo parlare a Marvi. E non so assolutamente cosa dirle.

Lei illumina il viso con un sorriso bellissimo: – Sei venuto! Hai capito!

Rispondo con la prima cosa che mi viene in mente. – Non era difficile.

Mi accorgo immediatamente di sembrare presuntuoso. Cerco le parole giuste per correggermi, ma lei mi anticipa.

– Facciamo un giro?

Annuisco e mi metto a camminare accanto a lei. Mi piace, anche se il borsone che mi sono trascinato dietro mi dà un fastidio incredibile, mi fa sentire goffo e mi rende difficile adeguare i miei passi ai suoi, più corti.

Mi chiedo se posso prenderla per mano. Decido di no, anche se forse sarebbe più facile camminare accanto a lei, mentre cerco di capire di cosa parlare.

Di scuola? Non mi piace.

Della sua dislessia? Sì, per farmi odiare immediatamente.

Raccontare la storia delle webcam?
Non ci ho fatto una bella figura
e ormai "scusa" gliel'ho già chiesto.

Così sto zitto per un po'. Lei anche.
E comunque almeno ho deciso
dove andare. Al prato dei crochi.
Dove mi portava sempre la nonna.
Mi pare di ricordare che alcuni
fioriscano in questo periodo dell'anno,
anche se non ne sono sicuro.

Arriviamo in pochi minuti. Fortuna
sfacciata. Ricordavo bene. L'erba del prato
è disseminata di centinaia di piccoli,
magnifici fiori violetti.

– Sono bellissimi – dice Marvi
quando li vede.

Allora mi butto e comincio a ripetere
tutto quello che la nonna mi aveva detto
su quei fiori.

– La sai la leggenda del croco?

Lei fa cenno di no con la testa.

– Croco era un bellissimo ragazzo che si era innamorato di una ragazza.

Mi guarda e mi interrompe.

– Come si chiamava?

Non capisco: – Chi?

Spiega: – La ragazza.

Per fortuna me lo ricordo: – Un nome strano. Smilace, mi pare.

Poi continuo, senza pensare, come se qualcuno al di fuori di me stesse premendo la sequenza di pulsanti giusti per farmi parlare senza dire sciocchezze.

– Però lei, che era una ninfa, non lo contraccambiava e allora gli dei lo trasformarono in questo fiore. Che ha ancora il suo nome.

– E la ragazza che fine ha fatto?

– Hanno trasformato anche lei. In una pianta dal nome buffo.

– Quale?

– Salsapariglia. Oppure anche *stracciabrache*, perché ha sul fusto delle spine terribili che si attaccano dappertutto.

Marvi si mette a ridere.

– Salsapariglia! Quella che mangiano sempre i Puffi nei fumetti e nei cartoni animati!

– La nonna mi ha detto che cresce solo in zone più calde della nostra.

– Peccato.

Sorrido. Non ho ancora finito. – Però scommetto che qualche volta il croco lo hai mangiato.

Scrolla il capo.

– No, mai.

– Sì invece, se hai mangiato il risotto allo zafferano. Si ricava da questo fiore. Lo zafferano. Non il risotto.

Mi viene il terrore che mi chieda come si fa. La nonna deve avermelo spiegato di sicuro, ma non me lo ricordo assolutamente.

Lei invece ride. – Lo zafferano! Mi piace il risotto allo zafferano.

AS. SPORT

Marvi è bellissima quando ride. E io allora dico un'ultima cosa. Tutta di un fiato.

– Il croco per gli antichi era uno dei simboli dell'amore.

Mi pento immediatamente. Anche perché sento che sto diventando di tutti i colori.

Lei mi guarda. Poi si volta verso i fiori. In silenzio.

Non so più come proseguire. Spero di non aver detto una sciocchezza. Poi, mentre il mio viso ritorna lentamente di un colore accettabile, penso che possiamo prenderci un gelato o qualcos'altro al bar dall'altra parte della strada.

Faccio un rapido conto mentale di quello che ho in tasca. Venti euro che la mamma mi dà con il divieto di spenderli se non è proprio necessario. E cinquantacinque centesimi tutti miei. Vabbe'. Questa è un'emergenza vera. Poi mi inventerò qualcosa.

– Ehi! –. La voce di Marvi mi distoglie dai miei pensieri.

Mi volto.

Sta parlando decisa a tre ragazzi che stanno attraversando il prato dei crochi.

– Perché calpestate i fiori? È vietato! E poi sono così belli!

Marvi ha ragione. Ma il mio cuore ricomincia a fare un po' di capriole. Perché i tre ragazzi li conosco bene. Giocano nella mia squadra e non ci sono mai andato d'accordo.

Specialmente con uno di loro. Sandro si chiama, è il secondo portiere. Fa il bullo con tutti, mi è antipatico e lui non mi sopporta perché io gioco quasi sempre e lui invece sta in panchina.

Il mister dice che in una squadra di calcio è meglio essere amici, ma non è grave se non lo si è. L'importante, ripete sempre, è remare tutti nella stessa direzione.

Avrà anche ragione, ma a me ogni tanto il remo piacerebbe darglielo in testa a Sandro e ai suoi amici. Specialmente adesso. Perché capisco che tutti e tre devono essere usciti prima che finisse l'allenamento per essere qui a quest'ora. E solamente per darmi fastidio! Ma perché? Non hanno di meglio da fare?

Lui risponde alle parole di Marvi rivolgendosi a me.

– Allora... eri tu la M della maglietta. Con il cuore rosso –. Poi mi lancia contro qualcosa che ha tirato fuori da una tasca: – Tienila, femminuccia.

La maglietta! Non l'avevo presa perché non ero proprio sicuro che fosse destinata a me e non volevo toglierla dal cancello nel caso fosse stata per qualcun altro.

Mi colpisce in faccia. Ha un buon profumo. Di borotalco e pulito. Come Marvi.

Sandro continua, stavolta guardando lei: – E tu? Che cosa vuol dire MV? Melmoso Vagone? Cicciona come sei, direi proprio di sì.

Il cuore ormai è un po' nelle scarpe e un po' in gola. Non oso guardare Marvi. Perché non so assolutamente cosa dire o cosa fare. Sono in tre.

Se fossi solo a questo punto sarei già scappato. Inutile rischiare di prenderle. Ma c'è lei. E l'hanno pure insultata.

Mi viene per un attimo la tentazione di saltare addosso a Sandro e prenderlo a pugni, a costo di prenderle poi dagli altri. Però non voglio che facciano male anche a Marvi.

Sento improvvisamente la mano di lei nella mia.

– Lascia stare. Andiamo.

La voce le trema un po', però è bello sentire il suo contatto. E poi sono contento che mi stia dando una via di uscita.

Sandro continua: – Sì. Vattene vigliacco. E aspetta che il mister sappia che hai saltato l'allenamento per venire qui con questa grassona. Non giocherai mai più.

Sento Marvi che cerca di trascinarmi via, ma stavolta la risposta esce fuori da sola.

– Sì invece. Perché tu sei una schiappa. Lo sanno tutti.

Immediatamente dopo lo vedo venire verso di me con il pugno alzato.

Senza pensare alzo il borsone. È così grosso da coprirmi tutto e il pugno di Sandro ci va a sbattere contro. Fa un bel botto, e dal grido e dalla smorfia di dolore capisco che deve aver centrato la parte più dura. Il fondo. Dove ci sono le scarpe. Spero che avessero i tacchetti verso l'esterno. In più, nello slancio il borsone ha preso Sandro sul naso e l'ha buttato a terra.

Adesso Marvi mi sta proprio trascinando via quasi di corsa quando una voce risuona alla mia sinistra.

– Cosa fate?

Mi pare di riconoscerla. Infatti. È la vigilessa della webcam. Sandro e i suoi due amici scappano immediatamente. Noi restiamo lì.

La vigilessa guarda me e Marvi e porge la mano a lei. – Lui so che si chiama Michele. E tu?

La voce di Marvi trema un po'.
– Mi chiamo Maria Vittoria e quelli ci prendevano in giro e volevano picchiarci.

– Va bene. Venite con me.
Vi accompagno fino alla strada. Poi mi dite dove volete andare.

Camminiamo. E Marvi non lascia la mia mano. È bello. Mi piace.
E non mi importa se il mister non mi farà giocare la prossima partita e se quei tre mi prenderanno in giro.

18
Io che sono Maria Vittoria

Ho scoperto oggi insieme alla maestra
Gemma una cosa su di me.
Sul mio cervello, per la precisione.

Siccome che sbaglio sempre
il *precedente* con il *seguente* quando
ci sono tabelle con numeri da completare,
ho detto: – Ecco, quello che è di qua
mi pare di là e quello che è di là mi pare
di qua... sbaglio per questo maestra!

La maestra si è fermata un attimo
e ha guardato la mia tabella sul quaderno:
– E se tu facessi che quello che ti pare
di qua lo metti di là e quello che ti sembra
di là lo metti di qua?

– Wow! Ci provo subito!

E in effetti ho sbagliato meno.

La maestra ha riso e mi ha dato una carezza: – Maria Vittoria che impara a prendere in giro la dislessia.

Lo ha detto sottovoce, ma io ho sentito. Questo dimostra che sono abbastanza intelligente.

Vorrei capire anche un'altra cosa. Primo: cosa ha provato Michele al parco. Cioè, se è stato contento di guardare i crochi con me.

Secondo: se si è accorto che mi ha preso la mano e che le nostre mani erano perfettissime per stare insieme.

Terzo: se ha notato le mie ballerine rosse.

È valsa la pena anche essere stati aggrediti da quei tre australopitechi

ed essere stati accompagnati
dalla vigilessa alta e aver pagato
mia sorella Valeria. Per andare al parco
infatti ho dovuto ricorrere all'aiuto
di Valeria. Che ha un prezzo. Alto.
Più alto della vigilessa.

Papà ci avrebbe accompagnate al parco
e ci avrebbe lasciate sole se fossimo
state insieme. Era già successo.
Solo che Valeria mi aveva sibilato
con la voce da serpente: – Non ci pensare
nemmeno! No!

E io avevo dovuto ricorrere
alla supplica unita a pagamento.

– Ti prego, Valeria. Ti prego. Tu stai
un po' lì e poi vai dove vuoi e alle cinque
precise mi vieni a riprendere. Solo un'ora.
Non di più. E io rinuncio al mio regalo
di Natale per un cellulare nuovo per te.

Ho visto subito che la cosa si era fatta
interessante per lei. Sono settimane

che parla di un nuovo modello dove è possibile caricare più musica.

I miei fanno finta di niente davanti a queste richieste. A me i cellulari fanno paura. Ma il mio regalo di Natale sarebbe stato un microscopio di quelli da attaccare al Pc che avrò fra due anni tutto per me, ma che intanto potevo collegare a quello di papà. Una cosa fantastica.

Ma un principe che sta per raggiungere la soglia dell'azzurro val bene un microscopio.

Valeria me lo ha fatto giurare tre volte. Quando papà si è svegliato, ho chiesto di accompagnarci verso il centro perché io e Valeria avevamo voglia di una passeggiata in città.

Papà era un po' intontito dal sonno, ma ha fatto lo stesso la faccia stupita. Comunque tutto è andato bene.

Valeria ha aspettato che l'auto di papà scomparisse nel traffico e poi, senza neppure salutare, mi ha lasciata davanti alla fontana del parco.

Per fortuna Michele è stato puntuale. Un principe deve esserlo. Un vero appuntamento. Ero così felice.

Lui mi guardava come dovrebbe fare un principe. Io l'ho capito. Era come se dicesse: "È un privilegio starti vicino!". E anche per me lo era e lo sarà. Un privilegio. Una cosa da nobilissimi.

Anche quando quelli dell'era mesozoica mi hanno dato della grassona io l'ho visto che a Michele dispiaceva perché lui non mi vede così. Grassa.

Io sono «in carne», come dice la mamma. E ne sono contenta. Tanto io non voglio fare la modella o la velina. Io voglio fare la naturalista o la geologa. Un po' di carne mi serve perché dovrò camminare, arrampicarmi, faticare parecchio tra i campi, le montagne, i fiumi, i torrenti.

E poi la mia ciccia ci sta bene con me. Non mi fa stare male, non mi impedisce di correre veloce e di fare le migliori capriole della classe. Il mio problema è come fare a leggere veloce e senza errori e non la mia carne che protegge le ossa. Pfui!

Se non ci fosse stato Michele, a quei tre avrei dato dieci calci sugli stinchi senza stancarmi.

Ma c'era lui. Non volevo si mettessero a litigare al parco, con mio padre che stava per tornare. Sono certa che anche Michele li avrebbe presi a calci se non ci fossi stata io.

La medicina? Oh, cielo, forse è questa la medicina? Chissà. Quando capita la signora Miriam devo chiederglielo.

Ciao a me che sono Maria Vittoria.

Ci sono domande che rimangono senza risposta. E la risposta io la vorrei subito, ma capisco che non posso arrivarci da sola.

E non per via del mio cervello che ha il vizio di confondersi... credo sia perché non riesco a vedere le cose nel loro progredire... dopo il seguente c'è un altro seguente e un altro ancora. È stato Gustavo gusterò a suggerirmi di far riferimento sempre ai numeri. Il fatto è che i numeri sono infiniti. Forse non ci aveva pensato. Glielo dirò domani quando vado a fare gli esercizi.

Insomma quello che vorrei tanto sapere è:

Primo: Michele si è accorto che mi batteva il cuore? Cioè il cuore mi batte sempre, ma quando lo vedo, batte più velocemente e più forte. Secondo: si è accorto che ero senza grembiule? Terzo: sfiderebbe con la spada quei tre che mi hanno dato della grassona senza motivo?

In questo luogo libero che sei tu,
diario vocale, penso che le domande
non hanno una direzione diretta...
no... le domande sono circolari e quindi
non c'è bisogno dell'infinito perché poi
la linea si chiude.

Wow! Ecco cosa! La risposta c'è, basta fare la domanda alla persona giusta. Cioè a lui.

Oddio no! Io sono coraggiosa, ma non così tanto. Oppure... non lo so se sono coraggiosa così tanto perché non ho mai provato.

Bene. Proverò. Se balbetto vuol dire che devo aspettare. Altrimenti... ci provo, anche se divento rossa e sudo. Il rosso e il sudore facciamo che non contano. Certo non posso farne tante di domande.

Una. Quale? Dunque credo che sia importante scegliere bene la domanda. La domanda numero UNO.

«Ma io ti piaccio?»

Be'... certo che gli piaccio. Non sarebbe venuto al parco. Non lascerebbe messaggi sul tabellone della pompa di benzina e neppure mi manderebbe foto di ramarri.

È ovvio che io gli piaccio. Ma lui sa che mi piace tanto tanto tanto?

ECCOLA. La domanda.

Certo è questa la domanda giusta. Ancora non te la dico, diario, perché prima faccio le prove davanti allo specchio. Voglio vedere come può risultare.

Oggi ho anche finalmente visto Fausto, il fidanzato di zia Paola. È venuto insieme a lei a prendermi a scuola. Anche loro si tenevano la mano.

Io l'ho guardato attentamente per capire dove tenesse la medicina miracolosa.

Siccome che si è fatto freddo che sembra inverno, il fidanzato Fausto aveva il cappotto e sotto una giacca pesante. Quattro tasche il cappotto e quattro tasche la giacca. Troppe tasche da controllare.

Lui guidava e zia Paola ogni tanto si girava verso di lui e lo guardava come a volerlo dipingere. Invece lui le prendeva la mano e poi la lasciava.

Forse la medicina la passano così i principi veri. Toccandoti la mano ogni tanto. E allora Michele lo ha fatto anche con me. Mi sto guardando la mano. Sembra normale. Ma chissà se la medicina è già penetrata attraverso la pelle e nei muscoli.

Comunque il fidanzato Fausto mi ha offerto la crema catalana in un bistrot dove non ero mai stata.

Zia Paola mi ha raccontato che Fausto è un insegnante di lingua spagnola.

«Ah ecco» ho detto io. E non so perché lo abbia detto. Forse per via della crema dal nome spagnolo!

Avrei voluto chiedere a zia Paola a quanti punti era arrivato. Però mi sono trattenuta. Non potevo certo svelare il segreto davanti a lui.

Tornando a casa è accaduta una cosa strana. Non so bene cosa sia successo a dire il vero perché era buio e Fausto non è che andasse tanto piano.

All'incrocio di via Gorizia, che è la via dove abita Michele, ho visto Clotilde, una della secondaria che è in classe con Michele, che camminava quasi abbracciata con un ragazzo. Sembrava che lui la sorreggesse. Oppure che la baciasse. E ho pensato... senza invidia ma con tanta ammirazione...

che brava che ha trovato il suo principe!
E poi ho pensato ancora che mi sarebbe piaciuto se Michele un giorno mi baciasse.
Ma... prima deve diventare
principe splendente!

Ora dormo, diario... Ho sonno e ho voglia di sognare.

Ciao via Gorizia.
Ciao a me che sono Marvi!

19
Michele

Quando la vigilessa ci ha accompagnati fuori dal parco, ho continuato a sostenere che i tre che ci stavano dando fastidio non sapevo chi fossero. Proprio no. Mai visti prima. Ne ero sicuro. Marvi e io stavamo facendo una passeggiata quando erano arrivati e avevano cominciato a insultarci, senza motivo.

Marvi è stata bravissima. Ha capito che non volevo rivelare i loro nomi e ha detto di non averli mai incontrati prima. Poi le ho spiegato il motivo del mio comportamento. Non volevo che la mamma venisse a sapere che mi ero allontanato con una scusa dall'allenamento per venire al parco. Si sarebbe arrabbiata parecchio.

E poi speravo anche che i tre energumeni tacessero con il mister.

Infatti, all'allenamento successivo, ho detto a Sandro di non aver fatto il suo nome alla vigilessa. Ha capito subito che, a questo punto, parlare avrebbe potuto creargli dei guai, ed è stato zitto. Anche se si vedeva benissimo che avrebbe preferito vedermi sepolto sotto due metri di terra piuttosto che in porta al suo posto. In ogni modo, a me andava bene così. Non era successo nulla di grave, non credo mi avrebbe dato ancora fastidio e in fin dei conti la borsa sul naso se l'era presa lui.

E quindi ero felice. Per tutto. Il papà di uno dei miei compagni, che fa il turno con mamma e altri genitori, era venuto a prendermi al pulmino, stavo tornando a casa cantando sottovoce e pensando a Marvi, a quando l'avrei rivista, al parco, ai crochi e a un sacco di altre cose belle, quando il mio cellulare ha cominciato a suonare.

Alba.

Ci ho messo un attimo a capire cosa stava dicendo.

– Papà... papà... ha avuto un incidente... ospedale... Mamma è là...

Si è messa a piangere disperata.
Poi ha riattaccato.

Ho sentito improvvisamente
un freddo intenso come se mi avessero
immerso in una vasca di acqua gelata.
La testa ha cominciato a girarmi
e mi è venuta voglia di vomitare.
A questo punto ho cominciato a sentire
caldo come fossi in un forno. Mi sono
appoggiato al muro per non cadere,
mentre il mondo intorno a me stava
diventando sempre più nero.
Ho sentito una mano toccarmi
una spalla. Ho guardato.

Clotilde. Proprio lei. Eh già,
non abita lontano da me. Ho sentito
la sua voce arrivare come da un paese
lontanissimo.

– Michele! Stai male?

Ho fatto segno di sì. Stupidamente
mi sono messo a ridere perché stavolta

mi aveva chiamato con il mio nome.
A scuola usa il cognome.

E in quel momento improvvisamente è stato come se qualcuno mi avesse tolto di dosso il peso enorme che mi stava schiacciando.

Con le lacrime che cominciavano a uscire ho spiegato a Clotilde quello che mi era successo. Però continuava a girarmi la testa e lei mi ha sostenuto, fino a quando non è arrivata la sua mamma che aveva appena messo l'auto in garage.

Mi hanno fatto salire in casa, e sedere su un divano, mentre il mondo smetteva di girare in tondo e riprendeva lentamente i suoi colori.

Quando mi sono sentito meglio mi hanno accompagnato a casa.
C'era zia Dina, la sorella di mamma.

Ha spiegato che papà era uscito dall'ufficio e, mentre stava attraversando la strada sulle strisce, un'auto non si era fermata e l'aveva investito. Era all'ospedale. In coma. Lo stavano operando. Poi si è messa a piangere.

Alba non l'ho vista perché si era chiusa nella sua camera.

Io sono andato nella mia perché non volevo stare lì a vedere zia Dina che stringeva un fazzoletto fra le mani e cercava di sorridermi riuscendo solo a fare smorfie tristi. Ho acceso il computer. Senza nemmeno pensare ho digitato *coma* su Google. Ho scoperto che ce ne sono quattro gradi.

Primo. Secondo. Terzo. Quarto.

Se papà fosse stato nel primo grado si sarebbe risvegliato in poco tempo. Il quarto è quello del coma irreversibile.

Irreversibile.

Non ho avuto bisogno di controllare sul vocabolario per capire cosa voleva dire.

Quando la mamma è tornata con gli occhi rossi, non ho avuto il coraggio di chiedere il grado del coma di papà. Però volevo sapere. Allora le ho chiesto se trapianteranno a qualcuno i suoi organi. A lei sono venute le lacrime agli occhi e Alba si è messa a urlare che ero disgustoso.

Allora mi sono messo a piangere anche io e la mamma mi ha abbracciato. Ma sapeva di medicine e di ospedale, e il suo non era un abbraccio morbido e vicino. No. Piuttosto spigoloso e distante.

Allora sono tornato in camera mia e ho telefonato a Marvi. In casa non c'era nessuno.

Adesso, una settimana dopo, tutto sembra sospeso. Come se il mondo si fosse fermato. Ma non è vero, il mondo va avanti.

Alba va a scuola. Io vado a scuola e anche agli allenamenti. Non ne ho voglia, ma zia Dina insiste per portarmi. Il mister, quando mi vede, mi chiede se papà sta meglio, mi dice di stare tranquillo e poi inizia l'allenamento come sempre. I compagni ridono, scherzano e si arrabbiano come tutte le altre volte. L'erba del campo è sempre uguale. Anche il sole. E il cielo. E le strade. Tutto è uguale.

Meno casa nostra.

Mamma è quasi sempre in ospedale. Zia Dina sta con noi, prepara da mangiare, ci sveglia al mattino, è simpatica, ma non è la mamma. E poi è sempre triste, anche se si sforza di sorridere.

Alba è insopportabile. Non è solo per papà. Io lo so. È per colpa del cercopiteco della III F, quello con cui usciva. Da una settimana invece quel tipo con i brufoli e l'andatura da cammello circola mano nella mano con un'altra ragazza della II C. Insomma ha lasciato Alba. E adesso qualunque cosa si dica, lei si mette a urlare e a trattarti male.

In questo momento per esempio Alba è di là che sta litigando con la mamma. Di brutto.

Ho sentito mamma rientrare. Non sono andato a salutarla. Mi fa male vederla con una faccia che non le appartiene e gli occhi rossi. Poi ha detto qualcosa ad Alba e Alba ha risposto in modo sgarbato. Almeno penso che sia così perché adesso stanno urlando tutte e due.

Mamma sta ripetendo per la terza o la quarta volta che Alba è un'egoista.

Suo padre è all'ospedale e lei si preoccupa per un ragazzo.

Alba invece sta dicendo che mamma non capisce. Perché il ragazzo l'ha lasciata dopo l'incidente di papà, dicendo che non le piaceva più perché era sempre troppo triste. E lei quindi è ancora più triste. Poi si mette a piangere.
La mamma dice qualcos'altro con voce normale.

E allora mi avvicino di più alla porta del soggiorno. No, non per origliare. Sì, anche per quello. Voglio sentire, ma senza entrare mentre Alba sta piangendo. Diventerebbe una furia e direbbe che mi devo fare una padellata di cavoli miei. La sento parlare tra un singhiozzo e l'altro.

– Sono una stupida. Papà sta male e io non posso fare a meno di soffrire anche per altro. Stupida e cattiva perché non so se sto peggio per quello là o per papà.

E allora capisco cosa sta provando Alba. Perché è quello che sto sentendo io. Marvi non mi vuole più vedere da quando papà ha avuto l'incidente. Dopo la telefonata di quella sera l'ho cercata a scuola il giorno dopo. Ha fatto finta di non vedermi. Come dopo la volta della *webcam*, ma adesso non ho proprio fatto nulla.

L'ho chiamata a casa tre volte. L'ultima ho sentito benissimo che diceva a sua sorella di non volermi parlare.

Allora ho scritto sul tabellone:

COSA
C'È?

Il giorno dopo la scritta sul tabellone mi ha gelato. Era come dopo l'episodio delle *webcam*:

0000
0000

OOOO
OOOO

Impossibile sbagliare. Marvi non voleva più saperne di me.

L'ho cercata nell'intervallo a scuola e si è chiusa nel gabinetto senza rispondere, fino a che una maestra mi ha chiesto cosa ci facevo nel bagno delle femmine, per giunta della primaria e mi ha mandato dal direttore. Secondo me non sono stato punito solo perché papà sta male.

Non so cosa fare. Non so cosa dire.

Le ho scritto una lettera, ma non oso dargliela. Domani vado in centro e provo a comprare una cassetta da registrare. Chissà se vorrà ascoltarla.

Mentre penso, arriva ancora la voce di Alba che sta di nuovo parlando con mamma: – È difficile. È difficile. Non capisco.

Qualche secondo di silenzio, poi mia sorella ricomincia.

– Mamma, ma tu vuoi bene a papà come io ne voglio a quel ragazzo?

Tendo l'orecchio e, dopo una pausa che mi sembra lunghissima, la mamma risponde.

Con voce tranquilla.

– Vedi Alba, quello che provo per papà non è l'amore come lo concepisci tu.

La mamma si interrompe per qualche secondo, come se stesse raccogliendo le idee.

– Per certi versi è di meno. Molto di meno. Io e papà non ci strappiamo i capelli se non ci vediamo per una settimana, né ci scambiamo Sms a ritmo vorticoso o andiamo sui social network quando non siamo insieme.

Un'altra pausa. Sento il mio cuore che batte.

– Nello stesso tempo è di più. Molto di più. Perché sappiamo che l'altro c'è. Che è lì. Pronto a starti accanto. A prendersi cura di te se stai male. Se hai un incidente. O se qualcosa è andato storto sul lavoro.

La sento sorridere prima di continuare.

– O anche solo se tua figlia non studia matematica e ti fa arrabbiare.

Sospira. La sua voce si fa decisa.

– Lo so che vuoi bene a papà. E se soffri anche per un ragazzo che non merita le tue lacrime non è certo perché sei insensibile. E adesso vai a studiare. Vediamo se, quando papà tornerà a casa, riuscirà a trovare, oltre ad affetto, anche qualche bel voto in matematica.

Poi sento che si allontana. E io resto lì senza sapere cosa pensare.

Perché mi sento come Alba. Anche io, come lei, soffro per papà. Voglio vederlo tornare a casa. Riprendere la vita di prima.

Ma non posso fare a meno di pensare a Marvi e al perché non vuole più vedermi. E mi fa male.

E ho anche capito quello che la mamma ha voluto dire ad Alba.

Che alla fine voler bene a una persona, amarla, vuol dire prendersi cura di lei. Ma non per finta, come nei sogni a occhi aperti che faccio io quando salvo Marvi da diecimila pericoli diversi. Sul serio invece. Come fa la mamma con papà.

E allora, se Marvi non volesse più vedermi per lo stesso motivo per cui il babbuino della III F ha lasciato Alba, perché sono troppo triste per papà, vorrebbe dire che non gliene importa proprio niente di me. Il solo pensare una cosa del genere mi fa stare male. E se fosse così la odierei anche se le voglio bene.

20
Io che sono, forse, Maria Vittoria

Certo certo certo... Certissimo.
Ora come posso tornare indietro?
Dice la mamma che a volte non si può.
Rabbrividisco e non solo perché fa freddo
e non ho messo la giacca a vento.

Qui sul terrazzo di casa, tra i vasi
di basilico e di salvia che non so come
sopravvivano, se immagino di abbattere
gli ultimi piani dei tre palazzi di fronte
e altri tetti di altri palazzi più in là,
riuscirei a vedere la casa di Michele.

Se costruisco un aeroplano di carta
e lo faccio volare, può darsi che arrivi
da lui. Come ho fatto a sbagliare così?

Giovanna ha detto quella frase e io non ho capito più niente.

– Lo sapete che Clotilde ha un nuovo tipo?

Io ho pure sorriso. Volevo aggiungere che lo sapevo, ma la frase successiva mi ha fulminata.

– Ieri sera l'ho vista abbracciata a Michele Dorsi. Beata lei. Lui è così carino. E sembrava molto innamorato... Aveva la testa appoggiata sulle sue spalle e gli occhi chiusi!

Avevo ritrovato nella memoria la scena vista dal finestrino dell'automobile di Fausto.

Nel buio della sera i particolari mi erano sfuggiti. Via Gorizia. Clotilde che cammina abbracciata con qualcuno... che ha una sacca da calcio.

Ecco cosa! Michele gioca a calcio. Si allena due volte a settimana. Quindi era lui il nuovo fidanzato di Clotilde! Quindi, era solo un principe falso. Una moneta di finto oro. Ecco cosa.

Mi ero sbagliata. Stavo per perdere la testa per uno che l'ha persa per un'altra. Gravissimo ERRRORE. Con tante *r*.

Mi è venuto da piangere, ma ho continuato a leggere il libro che stavo leggendo senza capirci niente e non per via della dislessia, ma perché proprio sentivo il cervello vuoto.

Così addio ai crochi, allo zafferano e al risotto, addio ai cuori da ritagliare e da cucire. La prima cosa che ho fatto è stata andare al tabellone della pompa di benzina e togliere i punti al principe traditore e mettere tanti zero. Sedici, per la precisione. Sedici volte zero. Cioè un niente ripetuto sedici volte.

Poi sono tornata in camera mia, sul mio letto ad ascoltare la lezione di scienze al registratore.

Certo io non piango facilmente. Lo dice anche la mamma. È Valeria quella delle sceneggiate. Piange per tutto e per niente. E non si vergogna neppure.

Quel giorno è stata la prima volta che io e Valeria abbiamo pianto insieme. Lei è tornata da scuola sbattendo zaino, giacca, porte... Così papà si è alzato per vedere cosa fosse accaduto.

Lei era chiusa in bagno e non rispondeva. Allora è venuto da me. Ho fatto finta di sorridere. Lui aveva sonno e non si è accorto che facevo finta. Io ho detto che era arrabbiata per aver preso un'insufficienza in Storia.

Papà si è tranquillizzato ed è tornato a dormire. Poi Valeria è venuta in camera mia.

Aveva gli occhi gonfi e mi ha detto un «grazie» quasi senza voce.

Io non ho risposto, così lei si è seduta sul tappeto vicino alle mie scarpe e ha stretto le mani a pugno e aveva cominciato a piangere e a parlare.

– Mi ha mollata! Per una vecchia di vent'anni, non è possibile... Non è giusto.

Mia sorella quindi aveva un ragazzo. Ho immaginato fosse quello che le mandava le faccine sorridenti e scriveva in egiziano con dialetto di Marte. E ora si erano lasciati. O meglio lui l'aveva lasciata.

– Be', certo... vent'anni non sono pochi! Lui quanti ne ha?

– Diciannove... ma ti pare? Ed è pure cicciona! Scusa, Marvi... Non volevo.

Ah, ecco. Così mi sono messa a piangere. Ma proprio a fontana. E pure con qualche gemito. Ma non per il "cicciona", che non me ne importa niente, era per il fatto che anche io ero stata lasciata per una più vecchia di me.

Valeria era venuta sul letto munita di fazzoletti e abbiamo cominciato a soffiarci il naso e a piangere senza riuscire a smettere.

Una volta, qualche anno fa, avevamo fatto la stessa cosa, ma con le risate. Eravamo in chiesa a un matrimonio di una cugina di papà.

Lei aveva un vestito azzurro con una coda di tanti colori. A noi era sembrato un pavone che fa la ruota. Così ci eravamo messe a ridere.

Poi, il futuro marito era arrivato con un cappello a cilindro nero e i capelli lunghi e ricci che gli coprivano anche la fronte e a noi era sembrato uno dei conigli di Pinocchio, quelli che portano la bara. Un pavone e un becchino.

Ci era presa la ridarella e non riuscivamo a smettere e tutti ci davano occhiate poco simpatiche e la mamma alla fine ci aveva portato fuori dalla chiesa ed era arrabbiata, ma quando le avevamo raccontato del becchino e del pavone si era messa a ridere anche lei.

È stata una delle poche volte in cui io e Valeria ci siamo comportate come amiche. E anche nel piangere io la sentivo diversa dalla sorella che spesso mi odia e mi evita anche con i pensieri.

Il giorno dopo ho fatto in modo di entrare a scuola prima dell'arrivo dell'autobus della secondaria. E il giorno dopo ancora l'ho visto scendere ma non l'ho neppure degnato di un'occhiata e avevo camminato con tranquillità verso il portone senza voltarmi mai. Altro che principe! I principi lottano per te e fanno cose e soprattutto non tradiscono così. Non tradiscono neppure cosà.

Fino a ieri. Ieri ho saputo. La verità.

Ciao a me che sono Marvi.
Un po' stupida. Un po' molto stupida.

Ho saputo questa mattina che Michele ha il papà in ospedale. È stato investito. Una cosa terribile. E ho saputo che è accaduto nove giorni fa e che Clotilde lo ha accompagnato a casa quella sera perché aveva appena ricevuto la notizia. E che Clotilde ha un nuovo fidanzato ma si chiama Carlo ed è uno di terza. E poi penso che ho perso un vero principe.

A scuola lo avevano anche detto, ma io non ascoltavo niente. Oggi durante la mattina ho pensato a come poter rimediare. Mi servirebbe la medicina di cui parla la signora Miriam e che Fausto dà a zia Paola. Oppure servirebbe poter tornare indietro e, invece che credere subito a quello che dice Giovanna, andare a verificare.

E io che voglio diventare naturalista. Una scienziata che non verifica ciò che studia non vale niente. Meno di sedici zero messi in fila. Sono certa, Michele mi odierà.

Ho raccontato tutto a Valeria che mi ha detto: «Bel pasticcio»... Però poi ha detto anche che si può rimediare. Secondo lei gli devo parlare e chiarire l'equivoco. Con la verità si aggiustano le cose. Io, a esser sincera, non ho il coraggio di parlargli. Però ho pensato di fare qualcosa perché lui capisca che sono innamorata. Fare qualcosa.
Così, diario vocale, l'ho fatto.

Ora aspetto i risultati. Come una vera scienziata che attende con pazienza che il gatto mastichi la lucertola. Bleah... Magari questo lo salto.

In ogni caso l'idea è arrivata da mamma che, a proposito dello spezzatino bruciato di papà, ha detto che lei adora i suoi esperimenti.

Io allora ho pensato che desideravo tanto un esperimento di Michele. Ma tantissimo. Così sono tornata indietro nel tempo. Al primo regalo di Michele. La foto del ramarro.

L'ho presa e ho scritto sul retro:

SEI TU IL MIO PRINCIPE 900. SCUSA, NON AVEVO CAPITO DI CLOTILDE. AUGURI PER TUO PADRE. MV

Volevo mettere il punto interrogativo dopo la prima frase, ma poi ho pensato che i dubbi ormai erano esauriti.

Ho fatto vedere a Valeria che ha detto che non c'erano errori. Lei è brava a scrivere.

Poi ho spedito... cioè, poi sono andata con Valeria fino al palazzo dove abita Michele e ho infilato la foto, che era già sistemata in una busta, nella cassetta delle lettere con il suo nome scritto in azzurro splendente.

Se Michele non mi perdona, non credo però faccia bene. Cioè, è vero che io ho sbagliato a non accertarmi, ma è anche vero che i principi hanno il dovere di perdonare le principesse, per via che è proprio una qualità dei principi splendenti e anche perché il mio errore non era colpa mia.

La medicina che hanno i veri principi io l'ho capita qual è: i veri principi combattono per te. Oh, certo, non con le armi vere che mi farebbe impressione. Combattono aspettando e riuscendo a capire come sei e quel "come sei" è assolutamente meraviglioso e tutti gli altri "come sei" non interessano più.

Se lui è il principe splendente allora possiede la medicina, quella proprio adatta a me. Ora aspetto.

Più che altro ora dovrei dormire, ma non ho sonno. Domani lo vedrò e capirò.

Sei tu il mio principe?

Spero di sì.

Ciao ramarro... ciao Michele.

Ciao a me che sono Marvi. Stupida ma innamorata.

21
Michele

Sono felice. Papà torna a casa.
No, non è guarito completamente, però sta molto meglio. Per questo sono in ospedale. Lo vedo per la prima volta dopo l'incidente.

Mi sorride. Lo abbraccio cercando di non impigliarmi nella rete di tubicini, condutture e cavi che lo avvolgono.

– Appena avrò finito la convalescenza ci facciamo un mese di vacanza. Tutti insieme –. La voce è bassa e un po' roca, ma è la sua. La riconosco.

Sorrido anche io. – Anche se Alba e io dobbiamo perdere la scuola?

Interviene la mamma.

– Non se ne parla proprio, non farti illusioni.

Ma lo dice con voce allegra e ridiamo tutti. È la prima volta dopo l'incidente che vedo mamma ridere.

Curioso. Prima avevo paura che ormai fosse iniziata una sequenza infinita di ultime volte prima dell'incidente.

L'ultima volta che ho visto papà.

L'ultima volta che è uscito di casa.

L'ultima volta che ha sgridato Alba per la matematica.

Adesso invece mi rendo conto che, per fortuna, mi aspetta una serie ancora più lunga di prime volte dopo l'incidente.

La prima volta che vedo papà.

La prima volta che andremo in auto insieme.

La prima volta che verrà a vedermi giocare a calcio.

Milioni di prime volte.

Ma non con Marvi. Con lei solo ultime volte. Dopo l'incidente non si è più fatta viva e fa finta regolarmente di non vedermi.

Al ritorno, man mano che ci avviciniamo a casa, divento sempre più triste. Non riesco a capire cosa sia successo. No. Non riesco. E anche scrivere una lettera o mandarle una cassetta adesso non mi sembra proprio una buona idea.
E se non rispondesse? E se mi trattasse male? Perderei ogni speranza.

No. Per il momento ho deciso di lasciar stare. E se non vuole vedermi, vada pure a quel paese. Già. Me lo dico dieci volte al giorno, ma dirlo è facile.

All'ingresso mamma ritira la posta dalla buca. Guarda una busta, la gira e poi me la porge con un sorriso strano.

– Deve essere per te.

La prendo, la guardo e il cuore diventa una specie di canguro con il mal di denti, tanto si mette a saltellare.

Sento appena la voce di mia sorella che sta sbirciando da dietro le mie spalle:
– Cos'è?

La stringo nelle mani perché Alba non possa vederla.

– Non sono affari tuoi.

Appena in casa mi chiudo nella mia camera e faccio il numero di Marvi sul mio cellulare. Risponde lei, come se fosse lì ad aspettare.

– Ciao.

Poi resto in silenzio perché è l'unica cosa che riesco a dire.

Lei risponde: – Ciao –. Continua dopo un attimo di esitazione. – Come sta tuo papà?

– Molto meglio. Tra qualche giorno viene a casa.

E allora lei comincia a parlare senza più fermarsi. Spiega. Spiega. Spiega. Tutto.

In un primo momento mi arrabbio anche un po'. Poteva chiedere invece di fare l'offesa e saltare subito a conclusioni sbagliate. Non dico niente però. Non ne vale la pena.

Marvi è tornata.

Quando finisce, faccio io una domanda. C'è una curiosità che mi voglio togliere.

– Cosa vuol dire "principe 900"?

E allora lei comincia a raccontarmi del principe azzurro e dei punteggi dati e tolti.

Poi, dopo una pausa, continua:
– Volevo anche aggiornare il tabellone, ma non ne ho avuto il tempo. Ora però non è più necessario.

L'idea mi viene in mente fulminea. Anche perché se io sono il suo principe azzurro, allora lei è la mia ragazza.

– No! Facciamolo insieme!

Lo dico appena in tempo perché il credito della mia scheda esala il suo ultimo respiro un attimo dopo e il cellulare diventa una specie di rottame inutile.

Dieci minuti più tardi siamo davanti al tabellone e io mi accorgo di una cosa. Lo spazio per le lettere in realtà è da entrambe le parti. Davanti e dietro. Non me ne ero accorto prima perché uno dei lati era coperto da un pannello di legno su cui c'era la scritta: *impianto fuori servizio.*

Solo che adesso se n'è staccato un pezzo. Io finisco l'opera e mentre Marvi scrive da una parte, io lo faccio dall'altra.

MV99
9999
9999
9999

Quando Marvi lo guarda incuriosita, spiego: – MV vuol dire “Maria Vittoria”. E novantanovemila
novecentonovantanove miliardi
novecentonovantanove milioni
novecentonovantanovemila
novecentonovantanove è il numero
più alto che si può comporre
con quattordici cifre, tutte quelle
che ci sono e che ho a disposizione.

Non le dico che mi sono esercitato per strada a pronunciare esattamente il numero. Faccio una pausa.

– È il punteggio che ti do io. Perché sei Marvi.

Mi sposto dall’altra parte e leggo.

MICH
900
LUMI
NOSO

CHIUSO

Adesso è lei a spiegare.

– *Mich* vuol dire Michele.

Stavo per dire che l'avevo capito, quando lei prosegue, cambiando completamente discorso.

– Guarda. È come se le nostre scritte sul tabellone fossero le due facce di una stessa medaglia.

Fa una pausa e poi ripete il mio nome.

– Michele.

È come se fosse la prima volta che lo pronuncia. Perché è completamente diverso da come l'ho sempre sentito. Come se il posto giusto per il mio nome fosse proprio la sua bocca.

Poi ci avviciniamo e, senza nemmeno sapere cosa sto facendo, la bacio. Sulle labbra. Come alla Tv.

Sa di dentifricio al limone.

È bello.

Un'auto suona il clacson.

Marvi si allontana in silenzio.

Io sono felice e mi sento come se nella mia vita si fosse aperta una porta su un mondo nuovo, strano, bellissimo e sconosciuto.

22
Io che sono Maria Vittoria. Proprio

Questa proprio non la volevo vedere.
E invece la vedo. Be', mi viene
da sorridere. Sorrido.

In cucina sopra il mobile dove teniamo le posate, i piatti e le tovaglie, oggi c'è una grande cornice. Che prima non c'era. Dentro c'è un foglio, anzi quattro fogli tenuti insieme dal nastro adesivo e un po' stropicciati.

Attorno alla scritta *Ti volio tanto bene* ci sono fiori e lucertole e alberi e gatti e lumache con le antenne colorate e un grande cuore con le iniziali MVM, Maria Vittoria e Mamma.

Lo avevo fatto in seconda per la festa della mamma.

Accidenti... e forse si vedeva già
la mia dislessia. E le iniziali...
Mi viene da ridere. Ma guarda un po'.
MVM.

Perché la mamma lo ha incorniciato?
Deve averlo ritrovato da qualche parte...
ma perché incorniciarlo dopo tre anni?
Gli adulti sono poco logici.

Be', oggi anche io. Oggi è un giorno dopo IL GIORNO.

Ehi, mondo... io ho baciato Michele e lui ha baciato me. E così ci siamo fidanzati. Fidanzatissimi.

– Maria Vittoria!?

La voce mi pare diversa eppure è la sua.

– Ciao mamma...

Mi viene vicino e mi prende per le braccia. Forse è accaduto qualcosa. Papà? Valeria?

– Cosa succede?

– Niente... cioè tutto. Cioè... sono contenta, sai, di averti come figlia.

– Vorrei vedere!

– È che cresci in fretta. Forse non riesco a starti dietro... Ti vedo sempre piccola. Non è che tu sia grande, ma insomma stai crescendo.

Gli adulti spesso, anzi molto spesso, confondono i pensieri.

– Sì... se tutto va bene, vado a fare i compiti.

– Ma sì... non vuoi fare merenda? Ho preparato una crostata. Anche io mi sono innamorata per la prima volta a dodici anni. Lui ne aveva quattordici e si chiamava Fabio...

Ecco qua. Ha saputo.

Be', credo sia normale che le mamme sappiano. E poi ho anche io voglia di raccontare. Non importa come abbia saputo. Vado in cucina e taglio una fetta di crostata con la marmellata. La mamma mi guarda sorridendo senza dire niente.

– È bello essere innamorati!

Annuisco con la bocca piena. Deglutisco e poi glielo dico.

– Si chiama Michele. È un principe di quelli azzurro splendente per cui non preoccuparti.

– Davvero? Un principe?

– Oh sì. L'ho messo alla prova e ha fatto più di 900 punti. Ha detto zia Paola che sono abbastanza per un principe. In più, lui li ha superati. Penso che insieme guarderemo gli animali e anche le piante. I crochi, per esempio. E insieme andremo dentro le grotte a studiare i pipistrelli. E se mi passa la paura, anche gli orsi. Lui ama i gatti che mangiano le lucertole. Io amo soprattutto le farfalle, ma le cose non credo siano incompatibili.

– Interessante.

– Molto. Non fa la spia, è gentile e ha la medicina per me. È speciale.

– Come te.

– Però non metterti strane idee in testa, mamma... ancora non mi sposo!

Ciao a me che sono MV.

Siccome che stasera sono troppo agitata, fatico a dormire. Oggi mamma mi è piaciuta.

Di solito ho visto come fanno i grandi. Sorridono e ridacchiano. Come se non fosse importante. Come se essere innamorati a dieci o dodici anni fosse una cosa diversa, che vale poco. Sì, tipo... ma figurati, cosa vuoi che importi? Che ne sanno i ragazzi dell'amore? Pazzesco!

Noi ci innamoriamo molto. Carolina è innamorata e anche Giovanna. Vabbe', è un modo tutto nostro. Ma non per questo meno importante.

I grandi ci insegnano tante cose ripetendo che servono per quando saremo grandi.

Impara a fare i conti che ti servirà da grande. Impara l'inglese. Impara a parlare in modo corretto.

Perché non ci dicono di imparare ad amare? Perché non lo insegnano?

Per fortuna zia Paola mi ha dato delle dritte. Mi ha detto: «Mettilo alla prova per vedere se è un vero principe».

Ma non tutti gli adulti sono così. Ed è un peccato. Però, a me è andata bene. Neppure mamma ha riso. Solo Valeria, ma all'inizio. Poi anche lei mi ha aiutata. Sono fortunata.

Senti diario, il fatto che ora ho un ragazzo forse un po' cambia la mia vita. Cioè, dovrò imparare a conoscerlo meglio e ci vorrà tempo. Ma insomma, di tempo ne ho. Lo so che sono troppo piccola per uscire da sola e per fare le cose che fanno Valeria o zia Paola. Però posso pensarci ogni tanto e intanto aspettare.

La cosa più straordinaria è che ora ho una foto di Michele. Eh sì.

Dopo il bacio, cioè dopo il secondo bacio, perché il primo è stato sulle labbra ma il secondo è stato sulla guancia e mi sono piaciuti tutti e due perché sono stati leggeri proprio come una farfalla.

Ecco, dopo il secondo bacio a me è presa un po' di timidezza. Un po' tanta veramente. Anche lui sembrava un po' spaventato. Così ho detto: «Facciamoci un regalo! Un regalo bello, però!».

Be'... caro diario, se tu fossi un quaderno di parole scritte, potrei allegare la foto che abbiamo fatto nella cabina che sta davanti al centro commerciale e che la gente usa per fare fotografie per i documenti.

Noi siamo entrati insieme e abbiamo messo due euro ciascuno e poi abbiamo ascoltato la voce di una signora che diceva che dovevamo guardare davanti e aspettare che una luce si accendesse. Ci è presa un po' di ridarella e abbiamo messo le teste vicine per poter entrare nell'inquadratura e poi ci sono stati i flash.

Quando siamo usciti c'era un signore che aspettava il suo turno e ci ha guardati come fanno tanti adulti che pensano che l'amore valga poco o niente.

Abbiamo ignorato il signore e aspettato le foto. Non posso allegarle, ma posso registrare la mia voce di quando le ho viste.

«Siamo troppo belli!»

Ho detto proprio così. E a voce abbastanza alta. Senza vergognarmi.

Io sembro un po'... come dire... tonta. Con lo sguardo perso e un sorriso ebete. Ebete, ma felice.

Michele è proprio bellissimo e mi tiene un braccio sulla spalla. Lui non gioca *con i sentimenti. Lui è uno che deve aver fatto molti anni di scuola di principe e presto prenderà la laurea. Forse, dopo la laurea ci sposiamo pure.*

Ora provo a dormire.

Tengo la foto vicino a me, così appena mi sveglio lo vedo e mi vedo... in una foto a colori, i colori migliori.

Spero nessuno voglia trasformarla in una foto in bianco e nero.

Ciao foto a colori migliori.

Ciao Michele.

Ciao a me che sono Maria Vittoria dislessica e innamorata.

La parola all'Associazione Italiana Dislessia

Un "diario vocale", un particolare diario segreto raccontato a voce. È la storia dell'amore tra Maria Vittoria (Marvi) e Michele, due adolescenti che ci fanno immergere con immediatezza e sincerità nel loro modo di vedere il mondo. Marvi è una ragazza "dislessica" innamorata che vuole coltivare il suo amore cercando di non metterlo a rischio con i suoi problemi di scrittura e lettura.

La dislessia è presente in modo leggero nella vita di Marvi, che è in grado di convivere con serenità e da vincente con questa sua speciale caratteristica. La presenza nel titolo dell'errore ortografico (*volio* al posto di *voglio*) non è rilevante, così come la dislessia è per Marvi solo un elemento accessorio e non essenziale, in grado cioè di non condizionare la sua vita. Marvi riesce a vivere la sua difficoltà con meravigliosa serenità e piacevole leggerezza.

Marvi mette anche in risalto le difficoltà che incontra nell'affrontare alcuni aspetti della vita quotidiana, come accedere in modo fluido alla lettera scritta dal ragazzo di cui è innamorata o comunicare con lui attraverso la scrittura.

Marvi ha consapevolezza del modo in cui la sua mente funziona. Ne trae forza e percepisce gli ostacoli che incontra come sfide da affrontare. Inventa efficaci strategie di "sopravvivenza", per provare poi il piacere di avere raggiunto i propri obiettivi e di aver imparato a «...prendere in giro la dislessia».

La lettura di questo libro può essere di stimolo e di esempio per tutti i ragazzi perché cerchino risposte e trovino soluzioni adeguate a costruire il proprio successo formativo e un positivo senso del sé. La lettura collettiva di questo "diario vocale" a scuola può costituire uno spunto per parlare di dislessia con gli studenti e contribuire alla sensibilizzazione sul tema.

Marvi utilizza con disinvoltura una serie di strumenti compensativi come la macchina fotografica, il computer, il cellulare, la segreteria telefonica, Internet e il registratore, indispensabile per il suo "diario vocale". Tali strumenti sono vissuti come oggetti amici, che le permettono di accedere al mondo, di comunicare con gli altri, di lasciare traccia di sé e dei propri pensieri.

In tutto il libro la dislessia fa da sfondo: c'è, ma non è invasiva. Non è presente

come nei manuali diagnostici, nella sua accezione di “disturbo specifico”.
La scuola, la famiglia, i coetanei sono un esempio di sfondo educativo protettivo e rassicurante, capace di promuovere la crescita.

Nessuno avverte la presenza della dislessia come un ostacolo. Nessuno la vive nella sua accezione deprivativa, suggerita dal prefisso “dis”, ma come una realtà alla quale ci si accosta con naturalezza, perché viene riconosciuta come una normale differenza individuale, come uno dei tanti possibili modi di essere di una persona.
Questo è un contributo significativo alla diffusione tra i giovani di una giusta rappresentazione sociale delle differenze.

Luciana Ventriglia,
formatore AID,
ex presidente comitato per la scuola AID

Chi sono...

Loredana Frescura e Marco Tomatis

Loredana Frescura, insegnante e scrittrice, vive in Umbria. Quando era piccola le piaceva moltissimo stare ad ascoltare storie, fino a che ha deciso di cominciare a scriverle lei. Ha pubblicato molti libri per ragazzi, alcuni dei quali scritti a quattro mani con Marco Tomatis.

Marco Tomatis è nato nel 1948 in provincia di Cuneo. Dopo la laurea in Lettere ha insegnato per molti anni nella scuola elementare, media e al liceo. Scrive libri per ragazzi e sceneggiature per fumetti.

Chi è...

Sara Menetti

Da piccola era piuttosto capricciosa, ma c'erano due cose che la facevano stare buona: leggere libri e fumetti e disegnare. Oggi continua a fare le stesse cose. Oltre al disegno, che è la sua più grande passione, adora bere tè, scarpinare per i boschi e ritrarre sui suoi taccuini tutto quello che vede. Il suo sogno è quello di fare un diario di viaggio su ogni angolo di mondo.

Per fare un libro ci vuole...

UN EDITOR
UNA STORIA
UN ILLUSTRATORE
il battello a vapore
UN LIBRAIO

Per fare un libro ci vuole...

Un grafico

Il grafico si occupa di fare bella una storia. Bella da vedere, soprattutto, a partire dalla copertina. Il grafico è specializzato in un'arte chiamata arte tipografica. Tutto quello che si legge in un libro è scritto con un carattere tipografico. Ne esistono centinaia di migliaia, uno diverso dall'altro, e il grafico li conosce quasi tutti. A volte si innamora di un carattere in particolare, perché ha una forma incantevole o originale o perché gli ricorda i libri che leggeva da bambino o la scrittura della sua prima maestra. I grafici sono molto romantici, in effetti.

(...per fare un libro ci vogliono molte persone e tante idee. Scoprile tutte negli altri libri!)

Se ti è piaciuto questo libro...

Leggi anche

Roberto Fuentes

Stella

Quando Stella ride, è come se ti colpisse una cascata di asteroidi musicali, ha i capelli così lucidi che sembrano brillare e dice di avere dei superpoteri...

Carlotta Cubeddu

Perdenti con le ali

Quando Marco e Carla, due ragazzini innamorati del ciclismo, vengono a sapere che potranno seguire il Giro d'Italia, non stanno più nella pelle.